readers-club

北京读书人文化艺术有限公司
www.readers.com.cn
出 品

# 论知识创新

On Knowledge Innovation

胡军◎著

四川人民出版社

# 序
Preface

在当今社会,"创新"一词已经成为了出现频率极高的词汇,受到了大众的普遍关注。但在此不得不指出的却是,"创新"是一个普遍概念,所以我的问题就是,究竟什么才是"创新"?"创新"一词具有什么样的确定的内涵?遗憾的却是,很少有人讨论这样重要的问题。其结果也就是,我们至今拿不出自己的创新成果。我的看法是,所谓的"创新"必须是针对某一具体而明确的对象。

我本人很早就注意到了知识在推动近现代社会发展上所起到的巨大作用,早在上世纪90年代初我就在1993年3月23日的《光明日报》上发表了题为《中国哲学应重视对知识论的研究》一文。不久,我就提出了"知识创新"的概念。"知识创新"思想的提出与我自己对知识理论的研究有关。

约在上个世纪的八十年代,我开始对知识理论的研究逐渐产生浓厚的兴趣。那时我在北京大学攻读博士学位,学位论文研究的对象就是中国现代哲学家金岳霖的巨著《知识论》。此书约有七十多万字,对知识论理论涉及的许多重要问题进行了深入而详尽的讨论。但我对此书的许多观点有着自己不同的看法,于是我的博士学位论文也就本着学术讨论的立场对之进行了批判性的系统论述。

正是对金岳霖《知识论》的不同看法导致我在上世纪九十年代开始撰写自己的知识理论著作。1997年黑龙江教育出版社出版了我的《知识论引论》一书,此书共23万字。在此书的基础上,我又接着做了很大的改善和推进,2006年6月在北京大学出版社出版了《知识论》。《知识论》一书比较细致地讨论了有关知识理论所涉及的许多问题,更为关键的是此书的序言接受了西方未来学家的看法,比较详尽地论述了知识在现代社会及未来所起的越来越巨大的作用。知识拥有如此重要的作用,却得不到国内绝大多数人们,尤其是知识界的关注和认可,

## 序 | Preface

这不能不说是一巨大的社会遗憾。当然关注这一问题的学者也有。我的《知识论》出版后，中国科学院的李喜先研究员，仔细地阅读了我的这本书，尤其是此书的序言引起了他巨大的兴趣，拿起红笔在序言部分做了大量的勾画。而后，他通过一些朋友的介绍与我做了直接的沟通。他积极邀请我参加他所组织的创新战略委员会的论坛；并请我撰写有关知识创新的论文，放进他所编写的《国家知识创新战略》一书内。也正是他建议我撰写题为《知识主义宣言》的文章，并在2014年创新战略委员会换届时，积极推荐我出任新一届委员会的主任。他如此支持我，主要是他很认同我关于"知识创新"的理念。他在这方面也做了大量的学术研究，2018年1月世界图书出版公司出版了他的《论知识主义社会》大作。

应该说，我自己早就有"知识创新"的理念，但李喜先研究员的大力支持、热情帮助也就促进我在"知识创新"方面写了不少文章。出任创新战略委员会主任后，在我的努力下，该委员会的工作也就沿着"知识创新"的思路而推进。我也因此在一些高校做过这方面的学术演讲，试图率先在高校内宣传这一理念。2016年初《科技导报》的领导通过电话约我撰写文章，建议我为马上召开的两会代表与委员提供有关知识创新方面的信息。当年的《科技导报》第三期刊登了我的题为《知识创新引领未来社会的发展》文章。该文在海内外学术界有一定的影响。海外的一家杂志编辑看过我的文章后，摘录文章的主要概念，近几年来又反复邀请我为他们的杂志撰写同类话题的文章。

虽然我在"知识创新"方面写了一些颇有影响的文章，但自己却从未有将自己的文章集成书稿出版的计划。今年3月份，北京读书人文化艺术有限公司的邓景异先生约我见面，谈起当今中国社会急需要积极宣传"知识创新"的理念，以推动中国文化更高质量的复兴。由此他建议我在已经发表的相关文章的基础上结集成册。邓先生曾经在北京大学哲学系攻读硕士学位，他的学位论文就是由我指导的。在北京大学哲学系三年来我们交往较多，他对我的学术研究模式是很熟悉的。

正是在他的积极建议下，我花了近半年的时间完成

# 序 | Preface

了这本题为《论知识创新》的书。此书论述了知识在近现代社会所起的巨大的作用；分析了"知识"概念的定义；陈述了知识创新的途经；系统提出了直觉驱动知识创新的理念。前三个部分主要是在原有的文章的基础上修改编辑而成，最后一部分却是在结集书稿时而起的突发灵感，认为直觉在知识理论发展进步的历程中起着巨大的推动作用。我也就顺着自己的灵感，写就了这一章节。

此书写就后，邓景异先生又帮忙作了大量的整理工作，很是辛苦。此书能够顺利出版，应该感谢邓先生的努力促成。

胡军

2019年11月8日

# 目录
Contents

## 第一章
## 知识创新与现代世界格局的定型 /1

一 知识引领现代社会 /3

二 知识是高质量权力之源 /8

三 科学知识是工业革命的基础 /18

四 知识理论为发达国家奠基 /27

五 知识理论引领现代人文艺术、体育 /35

六 建筑、设计等知识理论是美化城市的基础 /41

# 第二章
# 什么是知识 /47

一　知识三要素　/49

二　感觉内容与外物的关系　/52

三　论证是组织知识理论系统的方式　/64

四　平等自由的讨论是知识创新的源头　/72

目录 | Contents

# 第三章
# 如何实施知识创新 /77

一 话语权是以知识理论体系为基础的 /79

二 加强有明确问题意识的学术研究 /83

三 加强各学科之间的交流 /86

四 有效论证必须遵循逻辑规则 /87

五 分科治学的业绩与弊端 /93

六 目前科研经费投入方式的弊端 /99

七 适当改变高校行政管理模式 /103

# 第四章
# 直觉驱动知识创新 /105

一 经验知识理论与外物的关系 /107

二 概念思维方式的局限性 /118

三 究竟什么才是直觉 /129

四 直觉引领着我们的生活 /135

# 第一章
## 知识创新与现代世界格局的定型

## 一 知识引领现代社会

我们现在正处于一个充满剧烈变化的世界之中,一切看上去似乎都显得格外的混乱、格外的无序。但就在这混乱与无序之中,有关专家却能够从中看清这样一个极为引人注目的事实,那就是知识在急剧地膨胀和极其迅速地传播。借助于电子计算机和现代通信技术,尤其是手机在社会上的普及,知识已渗透、蔓延到社会的各个方面、各个阶层,使整个社会的性质发生了巨大而迅速的变化,人们的生活模式也随之发生了本质性的改变。正是借助于如此的方式,知识或信息也把自己的触角无限地伸展到未来的世纪之中,将起着巨大的引领和主宰作用。

美国新制度经济学的代表人物加尔布雷斯早在二十世纪六七十年代就首先注意到了知识在现代西方社会经济结构的权力重新分配过程中所起的决定性作用，并以此为基础，提出了著名的"权力分配论"的理论体系。

他认为，在任何社会中，权力总是与"最难获得或最难替代的生产要素"联系在一起。如果谁拥有了这样的生产要素的供给，谁也就自然而然地拥有了相应的权力。在封建时代，土地显然是最重要的生产要素，地主是这一要素的拥有者或供给者，所以地主也就拥有了权力。到了资本主义时代，资本代替土地成为最重要的生产要素，权力也就相应地转移到了资本家的手里。而在现代社会中，由于工业的不断发展，尤其是科学知识理论的大力普及和技术的迅速进步，所需要的专门知识越来越精细、越来越复杂、越来越系统化。在现代社会，专门知识已成为决定企业成败的决定性的生产要素。于是，权力也就从资本家手中逐渐地转移到了一批具有现代工业技术所需要的各种知识、技能的人群手中。这些人被称作"技术结构阶层"。

## 权力分配论

| 时代 | 生产要素 | 权力拥有者 |
|---|---|---|
| 封建社会 | 土地 | 地主 |
| 资本主义 | 资本 | 资本家 |
| 现代社会 | 专业知识 | 技术结构阶层 |

"技术结构阶层"掌握了权力之后,又引起了以下几个带有根本性意义的变化:

(1)现代公司的新目标在"技术结构阶层"掌权之后,从过去追求最大限度的利润为目标转变为追求"稳定""增长"和"技术兴趣"等目标;

(2)为了实现"稳定"这一首要目标,商品生产已由过去的消费者需要什么,公司就生产什么的"消费者主权"理论转变为"生产者主权"理论,即新的科技产品引领或刺激消费者的需求。如电脑的更新换代,苹果手机产品引领智能手机的消费,已经很明显地成了一个世界性的趋势;

(3)"技术结构阶层"掌权后,企业与银行、国家、工会、科技界的关系发生了重大的变化，如工业资本与银行资本不再融合，企业与工人的关系日益密切，企业与国家融为一体，等等；

（4）与上述的变化相适应，社会阶级关系也发生了很大的变化。正是基于上述的认识，加尔布雷斯指出，现代资本主义的社会冲突，已经不再是穷人和富人之间的对立，而是有知识者和无知识者之间的对立。有知识者就有可能成为富人，就有可能掌握相应的权力，而知识贫乏者也就可能永远只能是穷人了。

"权力分配论"的新颖独到之处，是它完全从"知识"这一全新的视角来分析资本主义社会中，企业内部结构所发生的结构性的重大变化。正是加尔布雷斯率先异常清楚地看到了，知识已经是现代社会中"最难获得或最难替代的生产要素"。就目前看，且不论新制度学派的理论在现代西方经济学界的影响到底有多大，但是有一点却是很清楚明白的，即加尔布雷斯将知识看作是现代社会核心要素的思想具有深刻的历史洞察力。事实上，自

# 第一章 | 知识创新与现代世界格局的定型

二十世纪七八十年代至今，整个世界都因知识的急剧增长和迅速传播发生了深刻而巨大的本质性变化。

加尔布雷斯的上述理论，在二十世纪的八九十年代不断得到来自不同学术领域学者的积极回应。并且不少学者还纷纷撰文，以"知识"为核心范畴来描述、分析现代世界范围内的政治、军事、经济、科技。而且，他们以"知识"来构想未来世纪的社会总特征成了一种特别受人青睐的时尚。如在80年代，日本学者堺屋太一的《知识价值革命》一书就是运用"知识价值"一词来描绘未来社会的总体特征，而且他把即将到来的未来社会干脆称之为"知识价值社会"，指出"知识价值社会"是由"知识价值革命"引起的。他认为，这种"知识价值革命"在日本、美国是由于80年代电子计算机技术和通信技术有了突飞猛进的发展和广泛的普及而产生的。他明确地指出，"知识价值社会"是比物质财富的生产来说更加重视创造"知识与智慧价值"的社会。在这样的社会里，将会减少对物质财富数量方面的需求，而会增加对社会主观意识的"知识与智慧的价值"的需求。

## 二 知识是高质量权力之源

到了20世纪90年代，美国著名的未来学家托夫勒则完全从"知识"这一视角出发，来分析和描绘现代及未来社会中的政治、经济的总体特征。

在1990年出版的《权力转移》一书中，托夫勒明确指出：传统的政治权力概念有两大要素，即暴力和财富。在古代社会中，暴力在政治生活中起着主导性的作用。在一定意义上，权力就是暴力。反之也一样，暴力也就是权力。这种意义上的权力显然是最为低质量的权力，因为暴力有着极大的弊端，即暴力的运用只能产生新的或更多、更大规模的暴力。它的另一缺陷在于它只能用来进行惩罚。所以，以暴力为实质的权力也就是低质量的权力。与暴力不同，财富则创造了优于暴力的权力，因为它既可用于威胁或惩罚，也可以提供奖赏，所以它也就明显地比暴力灵活得多了。然而真正高质量的权力则是源于知识理论的应用，因为知识理论可用于惩罚、奖励、劝说，甚至可以用来化敌为友，化解相互之间的矛盾冲突。而且知识也可以充当财富和暴力的增殖器，它可以用来扩充暴力或增加财富，也可以减少为达到某项目的所需要的暴力数量和财富数量。知识本身不仅是高质量的权力之源，而且它还是暴力和财富最重要的组成部分，即知识从暴力和财富的附属物变成了它们的精髓。这就是说，现代意义上的暴力和财富必须以知识为其基础。没有相应知识作为支撑的暴力和财富，已经被当今世界的人类看作是另类，而且必将迅速退出历史舞台。同时，我们也必须看到的是，暴力和财富无论从数量和程度上讲都是有限的。我占有了，你就难以拥有。反之，也是如此。而知识则大不一样，你掌控了相关知识这一事实并不能影响我或其他更多人来把握相同的知识理论系统。从知识性质的角度讲，同一知识可以

知识与财富

为所有的理性的动物同时或先后来把握。更为重要的是，知识的运用还能进一步促进产生更多的和更新的知识。

总之，知识具有无边际的延伸性和时空的无限性。世界现代历史的发展清楚地表明，知识是最民主的权力之源。武力和财富是强者和富人的特征，而知识理论的真正革命性特征则是，只要具备了相应的理性思考能力，弱者和穷人也可以掌握先进的知识理论系统来引领世界、改变世界，从而成为世界的主人。从现代世界演变发展的历史过程来看，暴力和财富变得越来越依附于知识理论。而知识理论则不一样，它们可以不依赖于暴力和财富，但却能够将自己很快地转变为暴力和财富。发达国家多次工业革命以来的历史清楚地表现了知识理论的这一显著特性。

由于知识理论在经济生活领域内的全面渗入，现代的经济生活也出现了急剧的变革。随着服务及信息行业在发达国家中的增长及制造业本身的电脑化、网络化，财富的性质也随之发生了变化。尽管那些投资落后工业行业的人仍将工厂、机器设备以及财产目录等这样一些

"硬资产"视为决定性的要素，但那些在急速增长的、最先进的行业中投资的人却依赖于完全不同的因素（知识或信息）来保证其投资效益。知识理论现在成了新的资本形态。以实物形态表现的传统资本，最显著的特点是它的时空有限性。知识资本却明显地与之不同，它具有无限的时空延伸性。同一种知识可以同时被许多不同的使用者应用。我们已经指出过，运用知识的同时也是创造知识的时候，知识不可穷尽，更无法独占，这就是知识资本的革命性特征。由于知识减少了人们对原料、劳动、时间、空间和资本的需要，知识理论已成为现代经济和未来经济发展的主要资本形态。随着这种状况的发生，知识正在升值，正因为如此，争夺知识和人才的信息战才到处激烈地进行着，而且会愈演愈烈。知识主宰着现代社会的发展，知识引领着未来社会发展的方向。

经济的知识化或知识经济又被称之为"超级信息符号经济"。其特点之一是知识密集性行业取代了那些主要依赖于原料和劳动力的制造业的地位而迅速崛起。另一显著特点是，知识增长率和淘汰率以超速递增的速度同步运行。所以,知识经济是一种快速运转的经济。在当今的世界,资本以前所未有的速度运转,财富以惊人的速度递增,时间成了越来越重要的生产要素。这就使得经济不发达的国家必须在发展知识经济方面努力实现与发达国家同速运转,否则只能长期依附于发达国家。

货币也日益信息化了。正如过去金银代替实物交易、纸币取代金银行使交换职能一样,储有大量信息的信用卡正在取代纸币在历史上曾经行使过的职能。最新的趋势则是手机的移动支付功能正在快速地替代银行卡。

总之,"知识是现代经济,特别是21世纪经济增长的关键因素"这一看法已成了世界范围内的政治家、经济学家和企业家的共识。在电子信息化时代,越来越多的普通民众也不得不认可上述看法。

随着知识信息通过越来越庞大的计算机网络、电视媒介、手机通信设备在全球范围内迅速传播,不但经济出现了飞速的运转,而且也极大地加速了政治体制变革的速度和变革的模式。

更要引起我们格外关注的是,由于电子通信系统的

知识信息

发达及其在世界各地的迅速传播，已完全改变了过去曾经在历史上反复出现的先进知识理论体系只局限在少数精英知识分子圈内，然后经过各种社会变革逐渐为社会大众接受这样的历史变迁模式。众所周知，这种历史变迁的模式曾经在历史上起过巨大的主宰作用，但其所需要付出的代价也是很沉痛的。现代社会的知识理论系统借助于电子移动网络技术和不断提升的智能电子信息系统快速传播，相关的知识信息迅速地在社会的各个阶层传播，社会大众通过现代信息传播技术能够快速地掌握相关的知识理论，社会变革可能更为快速，所需付出的代价也可能会相应地减少。

　　知识在社会生活中全方位地渗透已使社会及其结构发生了极大的变化，未来将发生更为巨大的变化。知识在现代及未来社会中的巨大作用，是培根所始料不及的。可以断言，在现代社会中，知识已不仅仅是力量，它也是权力、财富、资本，知识更是现代社会发展与演变的真正的原动力。谁想成为现代及未来社会的先进生产力的代表和世界的引领者或主宰者，谁就必须形成和掌控最新的知识理论体系。未来学家们的共识就是，知识已经成了全球范围内的K因素（知识在英文中为Knowledge）。要在未来的世纪中立于不败之地，求得更大的发展可能，我们就必须不失时机地掌握世界范围内不断更新的知识理论系统。未来的世界是知识理论主宰的世界，知识理论是引领世界发展和进步的核心元素。谁掌握了最新的知识理论体系，谁也就会成为世界未来发展的主宰者或引领者。我们必须要格外重视和认清这一世界文化发展的新趋势。

这种关于知识社会及其发展的图景，也越来越迫使一些哲学家不得不对之给予更大的关注，投入更多的精力来研究各种知识理论体系。在知识论研究领域内的表现便是"知识"这一概念的内涵在不断拓宽。人们现在更为关注实际渗透于政治、经济及科技活动中的知识现象。传统观念认为，知识是真的信念，知识是以真命题表达的；而现在，一些哲学家却试图从信息的意义上来定义"知识",认为"知识"就是正确的信息。① 这就使知识论的研究更具有了现代的意义。

由于中国文化中的逻辑意识与认识论意识素来不强,所以在我们的历史上从未形成过自己严谨的逻辑学知识理论体系,也几乎没有关于知识理论的系统研究。正是这样的文化历史传统造就了中国学者对于经典注疏的过度关怀,对于上古三代的不切实际的迷思与留恋,使中国学界整体来说对知识论的研究历来没有任何兴趣,所以对知识的上述作用也不曾给予应有的热情关注,更谈不上做深入和系统的研究了。

---

① 参见 Keith Lehrer: *The Theory of Knowledge*, Westview Press, 1990.

## 三 科学知识是工业革命的基础

英国产业革命前,人类历史发展依靠的主要是经验或经验性要素的积累。但是之后的世界历史却走上了一条性质与之完全不同的发展道路,即理论知识在整个人类文明的发展中占据着越来越重要甚至是主宰的作用。近代以来发达国家之所以强盛主要是如下两个原因:

(1) 古希腊时期以几何学、逻辑学为基础而形成的各种科学知识理论体系;

(2) 文艺复兴后以寻求因果关系为目的的可控的精确实验。

显然,前者是后者的理论知识基础,后者是前者的技术落实。知识理论经过实验技术的落实后就形成了工业产品。由此可见，工业革命是以相关的知识理论体系及其可控的实验技术为其基础的。如果没有上述的两个要素，工业革命是根本不可能出现的。

我们在此需要指出的是，这里所说的理论知识不是与经验毫无关系的，而是对经验的提升或总结所形成的。我们用英国工业革命以来的工业文明发展为例来说明相关知识理论体系的重要性。

可以说，自英国工业革命以来，人类迄今已发生多次产业革命：

第一次发生在18世纪末到19世纪中叶，以新的纺织机械等技术为特征；

第二次发生在19世纪中叶到19世纪末，以蒸汽机、转炉炼钢和铁路为特征；

第三次始于19世纪末，以电力、化学工业和内燃机为特征。

20世纪50年代以后，由于微电子技术、生物工程、宇航工程、海洋工业及新材料、新能源的迅速发展，被称为是又一次新的产业革命。

工业革命

20世纪80年代以来，由于电脑、通信技术、芯片技术等的飞速发展又引发了一场产业革命。

上述的产业革命都是以相关的科学知识理论体系为其基础的。没有相关的科学知识理论体系，是完全不可能出现这些产业革命的。

一部科学发展进步的历史清楚地告诉我们，埃及的亚历山大利亚的数学家希洛就曾经制作了一台用蒸汽推动小球旋转的机器。显然，希洛制作这台蒸汽机相关的经验不可缺少，但是主要的依据却是他自己的蒸汽机气体学理论。他曾著有《希洛气体学》一书，记载了最早的蒸汽机的制作原理。后来意大利的达·芬奇、法国技师科斯等也曾紧跟其后，不断地研制蒸汽机。上述对蒸汽机研制的历史过程为英国的瓦特的研究奠定了基础。

瓦特出生于机械工匠的家庭，父亲就是仪器修理工。瓦特后来在苏格兰的格拉斯哥大学当教学仪器的修理工。正是在这所大学里，瓦特结识了几位著名的物理学教授，如科学家布莱克和罗比森等。为了进一步改善蒸汽机，瓦特还阅读了许多相关的科技发明的书籍，学习了牛顿的力学理论。当然他也经常抽时间去听布莱克教授的讲课。正是"布莱克的'比热'和'燃烧'的理论启发了他,使他认识到小蒸汽机单位容积比大蒸汽机要大,在冷凝后再重新加热气缸所消耗的热量比例就大。同时布莱克的科学理论使瓦特懂得,在液体和气体之间发生物态变化时,温度不变但要大量吸热或放热,温度和热量是两个不同的科学概念。"[1] 可见,瓦特对蒸汽机的改进有着极其丰富的相关经验,但在此我们不得不指出的是,瓦特对蒸汽机改进的成功主要是有着相关的科学理论的研究和指导。所以结论就是:"蒸汽机的研制,实际上是从真空和大气压等科学理论研究入手的。真空和大气压强等理论导致了大汽机的发明,大汽机的改进和发展就成为名副其实的蒸汽机。"[2]

稍微需要我们注意的是,20世纪最重要的科技成果

---

[1] 龙福元:《产业革命》,吉林大学出版社,2008年,第二章,第二节"科技发展与蒸汽机"。此处所述蒸汽机的材料均引自第二节"科技发展与蒸汽机"。

[2] 龙福元:《产业革命》,第二章,第二节"科技发展与蒸汽机"。

之一毫无疑问是电子计算技术。众所周知，电子计算技术首先必须以数学为基础，因为人们的生活、生产和交换活动中有着大量的计算活动，随着计算活动的量越来越大、越来越复杂，这就历史地催生了电子计算技术的出现。1623年，德国数学家什卡尔特最早提出了制造机械计算机的想法。第一台机械计算机是1642年法国数学家巴斯卡发明的。

德国哲学家、数学家莱布尼茨对计算机的发明也做出了杰出的贡献。

他首先提出了直接进行机械乘法的设计思想，并于1671年制造了一台可以进行加、减、乘、除四则运算的计算机。其次，是他最早给出了二进制运算法则。他关于二进位制的数学演算模式完成于1679年。

在莱布尼茨思想的基础上，"1854年，英国数学家布尔发表了他的重要著作《思维规律研究》，成功地将形式逻辑归结为一种代数演算，即今天的布尔代数。在这种代数中，变量只取0和1两个值，它特别适用于只具有开断与接通两种状态的电路系统。如果电子计算机采用

二进制

二进制，用逻辑线路处理逻辑代数运算就非常方便。所以布尔代数为把电子元件及其线路应用到计算机中提供了重要的理论基础。"[1] 美籍匈牙利科学家冯·诺依曼等人成功地将二进制系统地运用到电子计算机上。我们之所以要叙述电子计算技术的历史是为了清楚地表明，电子计算技术的出现是有知识理论体系作为基础的。如果没有这样的知识理论为基础，没有以此理论知识为基础的科学实验，我们根本不可能想象电子计算技术及其产品的出现。

众所周知，电子计算机的出现和广泛运用已经极大地改变了现代人类的生活方式及其性质，已被广泛地运用于工业、农业、服务业之中。商业运作模式也因此发生了根本性的变化，网络销售已经完全颠覆了实体商业经营的模式。各大城市原来繁华的高层商业大厦关门的不少。我年轻时经常去的上海南京路、淮海路等繁华的

---

[1] 潘永祥：《自然科学发展简史》，北京：北京大学出版社，1984年，第543页。此文关于电子计算技术的资料也主要采自该书的第28章"电子计算机科学技术的兴起"。

商业街现在显得冷冷清清,游人极少。因为现代人类早已进入以电子计算技术为基础的数字化时代。

  由上可见,正是相关的知识理论为近现代以来的工业革命奠定了基础,极大程度地改变了现代人类的生活模式。可以这样说,如果没有相关的知识理论为指导,对现代社会中起着巨大作用的工业革命不可能出现,人类的生活模式也只能延续农业社会的传统。

## 四 知识理论为发达国家奠基

知识理论不只是引领着工业革命的进程，也为社会的发展起着重要的推动作用。如果社会科学与人文科学不只是口号或标语式的表达，那么就得上升提炼成为知识理论体系。文明发展的历史清楚地告诉我们，正是在17和18世纪，西方学者们对于法治和民主政治理论的研究，才逐渐地形成了系统化的知识理论体系。他们充分讨论了人性、人的自然权利、自然法、财产权等重大的社会问题；他们也深入而系统地讨论了如何通过契约建立政府、政府如何管理等重大的理论问题。斯宾诺莎、笛卡儿、培根、霍布斯、洛克、卢梭等就上述的问题进行了系统深入的讨论和详细充分的论证，并分别就这些问题形成了自己的知识理论体系，对当时及以后的世界历史产生了巨大的影响。如英国哲学家洛克的政治哲学理论就产生过很大的影响，尤其是他的《政府论》对美国的建国历程起着奠基性的作用。美国独立宣言和美国宪法的撰写者都很精通洛克的相关著述。宣言与宪法的某些段落和篇章就是取自于洛克的《政府论》。

其实早在美国建国之前的经典文献《"五月花号"盟约》中就这样写道："以上帝的名义，阿门。吾等，敬畏的陛下詹姆士王的忠实臣民们……谨在上帝的面前，彼此庄严地订立本盟约，结成公民团体，即政府，以便更好地建立秩序，维护和平……并随时按照最适宜于殖民地普遍福利之观点，制定正义平等之法律、条例、法令、宪法，并选派官吏实施之。对此，吾等誓当信守不渝。"[①]这段在历史上曾经被反复引用的经典名言，其思想基础正是来自洛克的社会契约论。

洛克认为，政府是在拥有自然权利的个人之间通过

---

[①] 转引自考文：《美国宪法的"高级法"背景》，强世功译，北京：三联书店，1996年，第65–66页。

签订社会契约的基础之上建立起来的。根据洛克的看法，自然状态下的个人完全无法使他们个人的天赋权利获得普遍的尊重和保护。他们无法凭借自己个人的努力来保护自己应有的东西，即自己的生命安全、财产安全。正是基于这样的认识，人们也就普遍同意将自己的部分权利转让出去，赞同建立政府，以保障自己的生命安全、财产安全等。由此可见，政府完全是凭借人民转让的权利，通过相互之间订立的契约而建立的。但是需要我们注意的是，契约具有相互的制约性。人务必要通情达理，因为只有理性的人才能成为政治上的自由人。自由不是一种随心所欲的无政府状态，自由是无须他人强迫的行动。只有理性、负责任的人才能让自己真正的履行契约。同样，契约也对政府施加有一定的条件和义务。倘若政府毁弃契约，倘若政府威胁天赋人权（这本是政府要保护的唯一对象），倘若政府未经本人同意就夺取个人的财产或威胁人身安全，那么人民大众就有权重新考虑他们为创立这一政府所做的一切，最后甚至可以揭竿而起，

政府契约：保障人民的生命财产安全

反对这一政府，建立新的政府。①

洛克的上述思想后来又不断地出现在美国的《独立宣言》等其他的建国文献之中。正是基于上述的认识，所以不少历史学家、政治学家们指出，在宪政国家的形成过程中，美国被看成是唯一按照社会契约论原则建立起来的国家。②有的历史学家甚至断言，美国政府就是奠基于洛克的《政府论》，也不是没有道理的。美国建国的这一历程清楚地表明了这样一个历史事实，即比较合理而有效的政府体制必须建立在经过充分而合理论证的相关的知识理论体系的基础之上。美国建国的历史远不到三百年，但美国却早已进入了发达国家的行列，在教育、科学技术、军事、艺术、经济等领域的创新遥遥领先。应该说，任何政府体制都有自己的局限，世界上根本不存在什么完美无缺的政体。但是一个合乎理性的国家或政府绝对不可能建立在经验或想象之上，任由感觉经验

---

① 帕尔默等著：《启蒙到大革命》，世界图书出版公司，第36页。
② 强世功：《自然权利与领土主权》，《现代政治与道德》，上海：三联书店，2006年1月，第95页。

或短时间的情绪来制定国策、推举领导人。合理的政府机构及其运作必须建立在系统而周密的理性思考的相关知识理论体系之上，才能持久，才能有效运作，才能得到人民大众真正的拥护。

延续几千年的传统农业社会中，人类行为模式或结构基本是以感性经验为基础的。一般而言，人们是通过观察并模仿前人的行为模式而形成自己的行为模式。这样的行为模式是极其简单的，缺乏系统性的结构。进入现代社会之后，农业社会流传下来的这种行为模式逐渐被淘汰了。现代人类的行为模式或结构必须要以相应的知识理论体系为指导。此处所谓的知识理论当然指的是经过周密思考和系统论证而形成的关于自然、社会、人文等领域的理论知识体系。

关于中国古代究竟有无科学是一个颇有争议的大问题，中外学界对此有过截然不同的看法，曾经有过较多的讨论。英国学者李约瑟就曾组织不少学者撰写了七卷本的《中国科学技术史》。此书的一个基本观点是，中国古代的科学技术从公元前1世纪到15世纪就领先世界其他国家，此书出版后在世界汉学界引起了轰动。但国外很多科学技术研究人员非常不同意李约瑟的观点。李约瑟本人也感到很大的困惑，既然中国的科学技术在世界上领先那么长的时间，为什么在15世纪后就突然不行，且远远落后于西方了呢？也正是出于上述类似的困惑，1953年3月初，美国科学史家斯威策曾写信给当时世界上最为著名的科学家爱因斯坦，询问他对这一重要问题的看法。爱因斯坦在给他的回信中是这样说的："西方科学的发展是以两个伟大的成就为基础的，那就是，希腊哲学家发明的形式逻辑体系（欧几里得几何学中），以及通过系统的实验发现有可能找出因果关系（在文艺复兴时期）。"① 正是基于如此的看法，他认为中国古代似乎没有他所谓科学应该具有的上述两个要素。他没有明确说中国古代没有科学，只是委婉地指出中国似乎没有西方所谓的科学的上述的两个要素。他所谓的形式逻辑体系，其含义是说以逻辑理论方法为基础建立起来的各种知识

---

① 《爱因斯坦文集》中文版，北京：商务印书馆，1976年，第一卷，第574页。

理论体系。知识理论就是现在所谓的科学（science），而他所说的实验技术（technology）形成于意大利文艺复兴时期。实验技术必须以相关的知识理论为基础或依托。正是由于知识理论与实验技术的结合才形成了18世纪后的多次工业革命或技术革命。在此我们必须注意的则是，多次工业革命相关的知识理论体系与实验技术的结合跨越了漫长的时间峡谷。如爱因斯坦所说，古希腊抽象的逻辑理论体系与意大利人的实验技术之间就相隔了近两千年。

##  知识理论引领现代人文艺术、体育

在此我们不得不注意到的另一个历史事实是,近现代以来,知识理论的重要历史作用不只是表现在工业革命、社会发展等领域中,人文艺术的进步也与知识理论密切相关。19世纪中后期逐渐形成了系统的心理学、美学学科等的理论体系。又如声乐学习,19世纪前学习声乐的过程就是经验性的,就是学生跟着老师面对面地学唱,老师唱一段,学生跟着唱一段。但1858年之后,学声乐的行动模式发生了根本性的变化。西班牙歌唱家加西亚长期练唱,可能是由于过度劳累,他的嗓子唱哑了。虽然以后不能再唱歌了,但他却将自己的精力用来研究声带发声的原理。1858年,在总结前人及自己歌唱生涯的

丰富经验的基础上,他发明制造出了"喉镜"。将此仪器放进歌唱者的喉部,就能通过反光镜清楚看到唱歌时声带震动的状态。这就为后来声学理论的建立奠定了基础。而且通过喉镜也能比较准确地确定歌唱者歌唱时的声部,即是低音或中音或高音等。在此基础上,第一部声学理论著作发表于1873年,之后声乐学习的模式发生了变化,学习者首先要学习的是关于声乐的知识理论,然后才是学唱某些歌曲。而且学习唱歌的基础流程有其固定的基本结构,即需要将口腔打开、声带震动、腹式呼吸等环节紧密结合在一起。如要将口腔打开则要求歌唱时面带微笑,面带笑容时,嘴角会向两侧上方张开,脸两侧的肌肉就会上扬。口腔内就像含着一个球,分为上嘴、下嘴、前嘴与后嘴。唱歌时腹部和胸腔的气流通过声带从下嘴、后嘴,再到上嘴,然后通过前嘴出声。经过鼻咽腔加工后的声音就呈现出美妙的泛音或和声。

同样,近现代以来的体育锻炼也不只局限于经验性的,而是必须以体育数学、体育力学、体育生理学、体育心理学、体育美学等相关知识理论体系为基础。正是

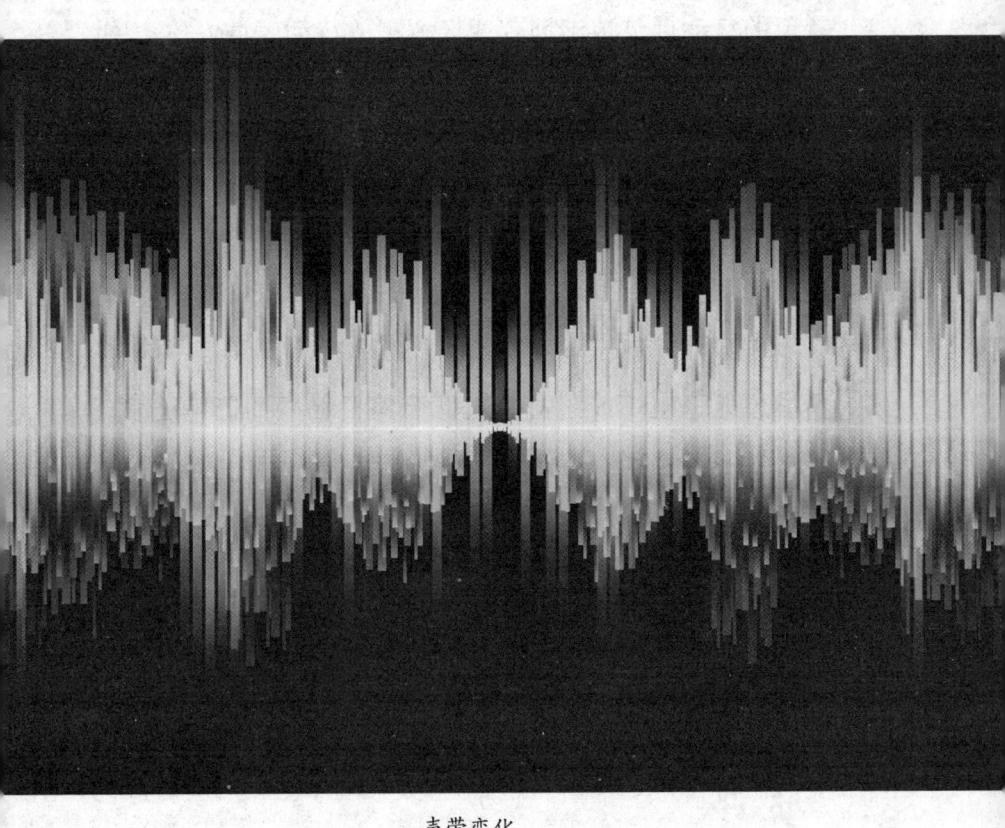

声带变化

在上述种种理论知识的指导之下，体育运动呈现为一套独特而复杂的行动结构。体育锻炼的目的就是从最初有意识的行动训练逐渐地变成无意识的行动表演。体育中的个体项目，如体操等的项目趋于复杂的结构，而集体项目如篮球、排球、足球等就呈现为更复杂的行动结构，必须经过严格的训练才能达标。比如体育比赛中的跨栏项目，表面看起来很简单，却涉及很多相关的知识及以此为基础的训练。两个栏之间奔跑的步数、跨栏时腿既不能过低，也不能过高。过低会将栏踢翻而影响速度，过高则大腿下压的时间会过长，同样会影响奔跑的速度。奔跑时左右胳膊摆动的姿势也会影响跨栏的动作。可见，这里所谓的严格训练的基础就是相关的知识理论。

现代的舞蹈艺术也呈现出同样的结构性变化的特点。如芭蕾舞演员的身材必须满足"三长一短一小"形体要求，即胳膊长、腿长、脖子长、脸小、腰短。但此处所说的长、短、小，仍然有更精细的比例要求，太长了不行，太短了也同样不行，长或短等必须有严格的数学方面的比例。如果以肚脐为界，上、下身身段的黄金比例应是

5∶8。这一黄金比例是古希腊数学家毕达哥拉斯根据数学原理推导出来的。同样脖子长、腰短等也有精确的比例方面的要求。除了身体生理上的严格要求之外,芭蕾舞演员的动作有着更为严格而精确的要求。我曾于2017年夏天在圣彼得堡皇家剧院观看过由皇家芭蕾舞团演出的《天鹅湖》。剧情的安排,尤其是芭蕾舞演员的动作都经过精心的设计、严格而精确的长期训练。

芭蕾舞演员

## 六、建筑、设计等知识理论是美化城市的基础

我们还必须注意的是,工业革命之后,人们的生活模式、社会结构也发生了极大的变化。最为显著的变化就是大城市和超大城市的出现,人口密集、楼房密集、道路交叉层叠等等,这就使得市民生活及其行动结构发生了极大的变化。比如楼房、道路设施的建构必须完全按照建筑力学、建筑材料学、建筑设计学、建筑美学等相关学科知识理论为基础的设计图案来进行精确而严格的施工。整个城市更需要有整体的设计,如俄罗斯的圣彼得堡市就是根据一位著名的设计师沃罗尼欣的设计图案建立起来的。其间某些政府领导想对这个设计图案加

以干涉，做些改变，但是沃罗尼欣坚决地拒绝了这样的干涉。正是出于建筑专家的精心设计，圣彼得堡整体的景色确实美观。相比之下，莫斯科城市却缺乏这样的整体设计。这一城市建造了太多的高架桥，把整个莫斯科城市的景观切割得零零碎碎，远远比不上圣彼得堡的城市美景。

又如我们现在出行的方式或结构早就有了本质性的改变。我们可以开着汽车、坐着高铁或飞机去远途旅行。众所周知，这一类交通工具的发明和制造都必须有相关的科学知识理论体系为其基础，并经过严格、精准的实验制造出来，否则是绝无可能的。即便我们在城市里的道路上行走，为了保护自己生命的安全，我们首先要清楚并遵循安全出行的相关知识。

由上所述，我们可以清楚地看到，与传统社会相比，现代人类的行为模式已经发生了巨大而根本性的变革，即知识理论引领并决定着人类的行为模式。

我们的传统文化没有这样的两个要素。近代以来，我们通过引进的途径在可控实验及其技术方面有所进步。

城市规划

但是对实验技术的基础即系统知识理论的研究至今仍然未得到应有的重视，所以如何加强与推进知识理论体系的研究应该成为文化强国建设的核心内容。所以，鉴于上述的认识，我建议我国政府应该组织相关人员研讨如何在知识理论体系的基础上发展我们自己的产业革命，走出新的路子，而不能仅仅沦落为产品的模仿、加工、组装。

同样，我国的宪政改革与法治建设也必须奠基于相应的知识理论体系。尤须注意的是，法治也必须以相关的知识理论体系为指导。历史上的许多法典也大都奠基于知识理论体系之上。中国历来重视德治，但由于缺乏相应的知识理论体系作为支撑，所以也就易流于空泛的口号或高大上的标语，无法在现实社会中得到有效的落实。因为良好的德治必须有知识理论体系作为基础，道德基于知识，真道德必须基于真知识，"道德即知识"是西方两千多年来的传统。道德必须与知识携手才能引导社会走向美好的未来。

总之，只有在长期和系统的知识理论研究的基础上，我们国家的整体实力才能逐渐进步、不断提升,才能逐步建设为让世人刮目相看的文化强国。舍此绝无其他的道路可走。

# 第二章
# 什么是知识

## 一 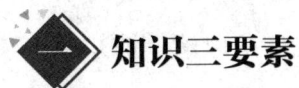知识三要素

要实施知识创新的战略,首先我们必须要认识清楚,究竟什么才是知识?知识的定义是什么?知识必须包括哪些基本要素?

仔细阅读世界文化发展的历史,尤其是世界哲学史,我们就能知道,"什么是知识"的问题是古希腊哲学家最早讨论,并对之提出了系统的论证。《柏拉图对话集》中的"美诺篇",尤其是"泰阿泰德篇"首先详尽而系统地讨论了这一问题。"美诺篇"讨论的主题是美德能否传授?他们一致认为知识是能够传授的,如果美德是知识,那么美德也就能够传授了。于是,什么是知识就是他们讨论的一个主要话题。而"泰阿泰德篇"讨论的唯一主题

就是知识的含义。知识理论发展的历史告诉我们,要清楚地了解什么是知识,我们就得回到"美诺篇"与"泰阿泰德篇"。

研究这两篇对话的讨论过程,我们可以清楚地知道,所谓知识的定义是,"知识是得到了论证的真的信念"。可见知识的定义包含着如下三个要素,即"信念""真"和"论证"。

所谓"信念"的含义是指认识主体通过自己的感官形成了对外在世界的看法或信念。比如我睁开眼睛看到窗户外有一朵盛开的红花,于是我就断定地说"我看见了一朵红花。"这就是认识主体形成的关于外物的"信念"。如果这一信念确实反映了外物的本来状态,我们就说这一信念是"真的"。这里所说的"真"是指,认识主体形成的关于外物的信念与被反映的外物之间有一一相应的符合关系。

常识的看法是,只要我们关于外物的信念与外物相一致,那么这一信念就是"真"的。这里涉及一个哲学认识论领域最为核心的问题,即我们通过自己的感觉器官究竟能否真实地反映外在的事物？这就需要我们提供这一方面的系统、详尽的论证。传统的反映论认为，窗户外盛开的花就是红的，我看到了这朵红花，于是我判断说："我看见了一朵红花。"如此，我们形成的关于这朵红花的信念也就是真的了。

## 二 感觉内容与外物的关系

叙述至此,我们就自然而然地涉及了关于知识定义三个要素中最为核心的"论证"这一要素。用日常语言说,所谓"论证"就是针对某一事件或命题提供清晰、明确而系统的道理。在此,我们还是以上述的"我看见了一朵红花"为例来讨论"论证"这一要素涉及的许多极其复杂而很少有人关注的问题。

绝大多数人认为,因为窗外那朵盛开的花是红的,所以"我看见了一朵红花"这一论述也就是真的或客观地反映了外在的事实。常识认为,那朵红色的花给了我们红色的花的感觉。正因为"我看见了一朵红色的花"是被给予的,所以这一命题也就是真的了。不少研究认识论理论的著名学者竟然也持有上述的看法。但是，遗憾的是，相关的科学生理学方面的知识明确地告诉我们，这样的看法是有待商榷的。因为持有这样常识看法的认识者根本不了解人的感觉机制的生理结构。

细看一部哲学史，我们就能清楚地知道，研究认识主体的感觉生理机制在历史上是源远流长的主要话题之一。如《柏拉图对话集》第三卷中的"蒂迈欧尼篇"就花了四万多字来讨论和研究感觉的生理机制及镜子成像的原理等问题。亚里士多德也在其《论感觉及其感觉经验对象》一文中检讨了他之前的哲学家对于此类问题的讨论及其结论。在此基础上，他又进一步提出了自己关于视觉机制的系统看法，同时他也在"天象学"一文中讨论了彩虹形成的原因。欧几里得则有系统的专著来讨论和研究以视觉机制为基础的光学理论。托勒密的五卷本《光学》则是此类研究的集大成者。上述提及的这类研究视觉机制及光学的重要著述传入伊斯兰世界之后，大约在 10-11 世纪，海桑则是百尺竿头，更进一步，撰写了七卷本的《光学汇编》，对认识主体的视觉机制以及光的传播方式有了突破性的发现与系统的研究。我们可以清楚地看见，正是上面提到的对于视觉机制及光学系统深入的研究为后来经验科学的发展与繁荣奠定了牢固、系统而深厚的理论基础，也极大地促进了经验主义哲学的发展与进步。同时，对于感觉的生理机制，尤其是对视觉机制系统和深入的研究成果，也为后来显微镜、望远镜等光学仪器的研究和制作奠定了学理性的基础。而显微镜、望远镜、眼镜等光学仪器的诞生反过来又极大地推进了天文学的进步、发展与繁荣，也极大地推进了关于认识主体感觉的生理机制的研究。

上述的相关研究成果清楚地表明，感觉内容与其试图反映的外物并不是同一个东西，两者之间有着本质性的差异。如当我们说"看见太阳"的时候，常识告诉我们，有一个圆的、明亮而炽热的球体。但英国哲学家罗素却指出："但是就在这个地方，物理学进行了令人难以理解的干涉。物理学明确告诉我们，太阳并不是明亮的，……太阳是对于眼睛、神经和大脑具有某种效果的光线来源，但是光线不接触活的机体而产生不了这种效

## 第二章 | 什么是知识

果时,就不存在什么可以叫作'明亮'的东西。完全同样的看法也同样适用于'热的'和'圆的'等字眼——至少在我们把'圆'理解一种可以知觉到的性质时是这样。另外,尽管你现在看见太阳,根据你看见而推论出来的那个物体却存在于八分钟之前;如果太阳在这几分钟内消失的话,你仍然会一点不差地看见你现在正在看见的东西。因此我们不能把物理学上太阳和我们看见的太阳等同起来;然而我们看见的太阳仍然是我们相信物理学上的太阳的主要理由。"[1] 我们不得不承认,罗素说的很有道理。我们所看见的太阳是 8 分 20 秒之前的太阳。太阳离地球的距离是 1.5 亿公里,根据光的传播速度,光从太阳发出后到达地球的时间需要八分钟多。遗憾的是,绝大多数人对此却没有任何的兴趣,更谈不上去做深入、合理的思考,却轻易地认为自己通过视觉器官看到的太阳就是太阳星球本身。即便是中国现代那些研究认识理论的学者也是持守这种反映论的立场。可见,研究认识

---

[1] 参见罗素:《人类的知识》,张金言译,北京:商务印书馆,1983 年,第 246–247 页。

太阳与地球

理论的学者必须具有相关的科学知识，而不能仅凭常识的观点来认识外物。

相关的自然科学知识也明确地告诉我们，色、声、味等并不存在于自然界中，而是一定的物理、化学物质的特性作用于生物体的感觉器官而产生的感觉效果。自然界实质上是一个无光、无声、无味的沉寂的自然界。我们不得不承认，真实的自然界确实就是这样的，与我们通过感官感受到的自然现象完全不一样。

自然界虽然无声、无光、无味、无色，但是却充溢着电磁波和各种不同化学性质的气体分子或化学元素等。物体本身反射出不同波长、不同频率的电磁波。电磁波作用于视觉器官，然后这种刺激通过视觉器官一系列复杂的生理变化过程，再由内从神经传达到大脑，其结果便在视觉中枢呈现为不同的颜色。

自然界也无所谓抑扬顿挫的声音，只是振动出各种不同频率的空气波。空气波通过听觉器官的生理转化过程之后，经由神经系统传达到大脑，其结果返回到了听觉中枢之后才转化为人体所能感觉到的各种不同声音。

而收音机的功能就在于把电磁波转化为声波。人体的听觉器官不能直接接收电磁波,但是却有能力把声波转化为声音。

同样的道理,物体本身也无所谓气味或滋味。所谓有味的物体只是散发出各种不同化学性质的气味分子或化学元素。这些气味分子或化学元素作用于人的感觉器官引起嗅觉和味觉器官的一系列复杂的生理变化,才被我们感觉为不同的气味和滋味。离开了我们的感觉器官,就自然物体本身而言,既无所谓香,也无所谓臭;既无所谓甜,也无所谓苦……

电磁波、空气波和物体所散发的各种化学元素都是物质微粒的运动方式,它们都远远不是我们天然的生理器官所能达到的可视领域,也不是我们的天然器官所能直接接触到的。它们作为一种外界刺激作用于我们的感官,当我们的感官接受这种刺激后通过所引起的变化和产生的结果间接地感知它们。我们的眼睛所看到的只是颜色,耳朵所听见的只是声音,鼻孔所嗅到的只是气味,我们的感官并没有直接地告诉我们这些就是电磁波、空气波等等。我们之所以得知我们感觉的间接对象是电磁波、空气波等等,是相关的科学知识推理所揭示的。事实上,我们所直接感觉到的,乃是电磁波、空气波等等在我们的感觉器官上的作用引起的变化和产生的结果,并不是电磁波、空气波等本身。

相关的科学知识告诉我们,被我们人类称为颜色的电磁波只是在波长约390nm-760nm之间的一段。在这一段之外,尚有红外线和紫外线,由于它们不能为我们的感觉器官感觉得到,所以我们也就不能够把它们称之为颜色。

**电磁波谱**

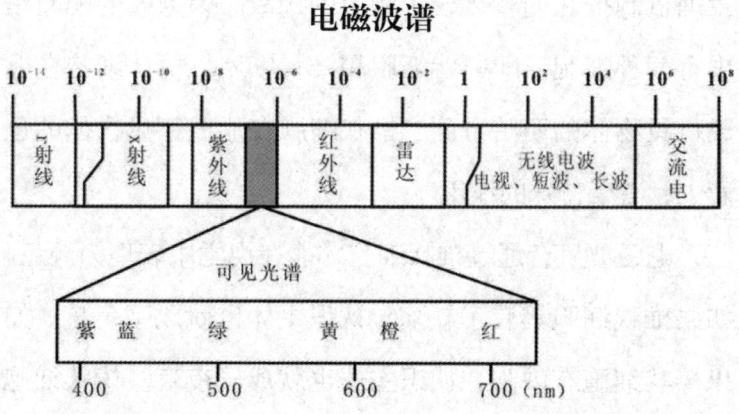

其实，我们称之为声音的空气波也只是空气波内很小的一部分，在此之外尚有低声波和超声波，因为我们的听觉器官完全听不到它们，我们也就不能将其称为声音。可见，如果没有相关的科学知识，我们甚至全然不知它们的存在。气味也有同样的情形，我们人类认为无味的东西，有很多其它的动物在很遥远的地方就可以感觉出来。

进一步的分析告诉我们，我们人类能够把波长390nm-760nm 的电磁波转化为颜色，并不是因为这一波长的电磁波本身是颜色，而是因为视觉器官内复杂的生理机制把它们转化成了颜色的缘故。因为人的视网膜中有两种细胞，即棒状细胞和椎状细胞。棒状细胞在形成可见物体的明暗方面，椎状细胞在形成可见物体的色彩上，有着特殊的作用。

电磁波只有通过椎状细胞才能在视觉中表现为颜色。如果椎状细胞具有了缺陷，认识主体也就成了色盲。如果棒状细胞有缺陷，认识主体也就成了夜盲。棒状细胞含有一种名叫视紫的特殊物质，它在光的刺激下发生分解。通过分解时的生理化学反应，我们也就获得了光及明暗的感觉。

至于把光线刺激转化为颜色感觉的生理机制和生理过程，19世纪的科学家提出过两种学说。一是托马斯·扬格与赫尔姆·霍茨先后提出的"视觉三原说"。这一理论推测在视网膜椎状细胞中有红、绿、蓝三种色觉物质，这些物质受光分解，最后便形成了各种不同的颜色感觉。另一个学说则是黑林提出的与此不同的"拮抗说"。此学说也假设了视网膜中存在着三种色觉物质，但却认为不是三种基色，而是有六种基色。这六种基色以成对拮抗的方式（黑－白、蓝－黄、红－绿）出现。其中每一对拮抗的一种光线（产生红色的光线）使一种色觉物质异化，另一种光线（产生绿色的光线）则使这种物质同化。后来的科学实验表明，在视网膜中确实存在着托马斯·扬格和赫尔姆·霍茨的"视觉三原说"。同时，实验也表明，颜色信息在神经系统中的传递，都是编码为成对拮抗的形式。这说明黑林的"拮抗说"也有其道理。至于空气波依赖于生物的听觉器官而转化为声音,各种化学元素依靠生物的嗅觉、味觉器官转化成嗅觉、味觉的科学事实,我们就不在此一一赘述了。

以上的相关科学史资料旨在表明,感觉内容与外物并不是同一的,其间存在着本质性的差异。完全把它们等同起来是违反科学常识的,这样的理念也不能引导我们正确地认识外界独立存在的外物。在现代科学确立以前,我们似乎有理由持守素朴的实在主义的立场。但是在科学得到了充分发展与普及的今天,尤其在大量关于认识主体的感觉生理机制的研究及其实验成果出现之后,还坚持这样的实在主义的观点似乎是与时代有较大的隔膜了。正确的研究立场是,承认感觉内容和外物并不就是一个东西,并进一步从这样的立场出发,再来探讨感觉内容与物理客体之间可能具有什么样的关系,从而达到科学地认识外物的目的。

由上可见,当我看见了窗外的一朵花,于是说道:"我看见了一朵红花。"这两者之间是有一定的联系,即窗外的花放射出的某种波长的电磁波被我们视觉器官的最外层,即晶体接受,随后被视网膜加工处理后传达到我们的大脑。接着大脑通过外传神经,并用语言表达出一个如下的命题,即"我看见了一朵红花。"这样的分析和论证,也就使我们不得不承认上述两者之间在性质上有着很大的差异。

## 三 论证是组织知识理论系统的方式

上述的差异使我们能够清楚地知道，反映外界事物的经验知识与其反映的对象在本质上是有区别的。这一性质的差异也就为知识的论证或证实提供了相当大的困难。人类的经验知识本应正确而真实地反映外在事物，但上述相关的科学史知识告诉我们，要完成这样的认识论的任务几乎是不可能的。可见，任何经验知识只具有相对的准确性，绝不可能使我们直接地达到外物。结论也就是，知识定义"得到了证实的真的信念"三要素中最为复杂、困难的就是"证实"或"论证"。显然经验知识涉及的"论证"远较先验知识涉及的论证显得更为复杂、更为艰巨。先验知识的论证明确、系统、清晰。亚里士多德创立的逻辑学,正如德国哲学家康德所说的那样,两千年来既没有前进一步,也没有后退一步。但经验知识的论证却涉及很多复杂的问题,犹如上述。

经验知识体系的论证还涉及另一个困难的问题就是,这里所说的论证都不得不具有相对性。正如上面所说的那样,认识主体不可能直接达到外界实在,因此我们形成的关于外界实在的知识也就只能具有相对的真理性。也正因为如此,关于外界自然的科学知识是逐步递进,不断发展的。正如牛顿所说的那样,"如果我看得更远,那是因为我站在巨人的肩上。"自然科学史上,似乎没有一种理论能够得到完全的"证实"或"论证"。正因为如此,自然科学史也被称之为一部不断被纠错的历史。牛顿是伟大的科学家,但不得不承认的却是,他的科学理论也有不少值得进一步发展和演变的余地。比如爱因斯坦就是站在牛顿这一伟大的科学家的肩上,看到牛顿理论的不足,对之进行了批判性的继承,于是百尺竿头,更进一步,提出了他自己的广义相对论。科学的思维方式就是批判性的思维。凡事都得讲理或论证,而绝对不能盲目相信从没有经过系统论证的东西。

这里所谓的"证实"或"论证"就是要讲系统而深入的道理。要讲系统而深入的道理就必须首先要有系统的论证的方法，依靠这种论证的方法，我们才有可能组织起系统的知识理论。认识论发展的历史清楚地表明，如果没有系统的思想论证的方法，人类不可能将自己的思想组织成系统的知识理论。论述至此，我们还是不得不回到《柏拉图对话集》。《柏拉图对话集》在历史上最早讨论了"什么是知识"这一问题。因此后来的思想家讨论知识的相关问题也就不得不一而再，再而三地回到柏拉图。古希腊的雅典有一座称之为"柏拉图学园"的学校。据说学校门口写着这样几个字"不懂几何学者，请勿入内。"古希腊初级教育、中级教育有所谓"四艺"之说，即代数、几何、音乐与天文。学习八或九年之后，学生的几何学成绩达到了相当高的程度才有可能进入"柏拉图学园"学习或深造。

众所周知，代数学、几何学都隶属于数学学科之下。但两者还是有较大区别的。其区别在于几何学更注重论证及论证的过程。只要论证的过程是正确的、合理的，那么结论也就自然地蕴含在这一过程之中。代数学的考试，尽管过程也很重要，但结论更为重要。几何学考试的卷子却将结论直接给了出来，让考试者对这一结论提供系统而明确的论证过程。可见，几何学考试的结论是重要的，但更重要的却是论证的过程。"柏拉图学园"强调的就是思想论证的过程及其论证的方法理论。阅读《柏拉图对话集》，我们就能清晰地看到，对话集中的每一篇都注重的是就某一明确的问题进行系统的讨论过程，而讨论的结论却很难找到。而且更为重要的是，讨论的过程是在苏格拉底与学生之间进行的。苏格拉底明确地认定自己在思想论辩过程中的职责就只是提供"精神助产术"。比如在与学生讨论问题时，他从来不主动提供什么固定的、确定的答案，而是鼓励学生先就某一问题提出自己的看法，然后他就这一答案提出自己的质疑或诘难，以便让学生进一步思考后再提出自己的看法。在苏格拉底的分析和推敲之下，学生感到自己的答案有问题，就不得不提供另一答案。就新的答案，苏格拉底又进行了

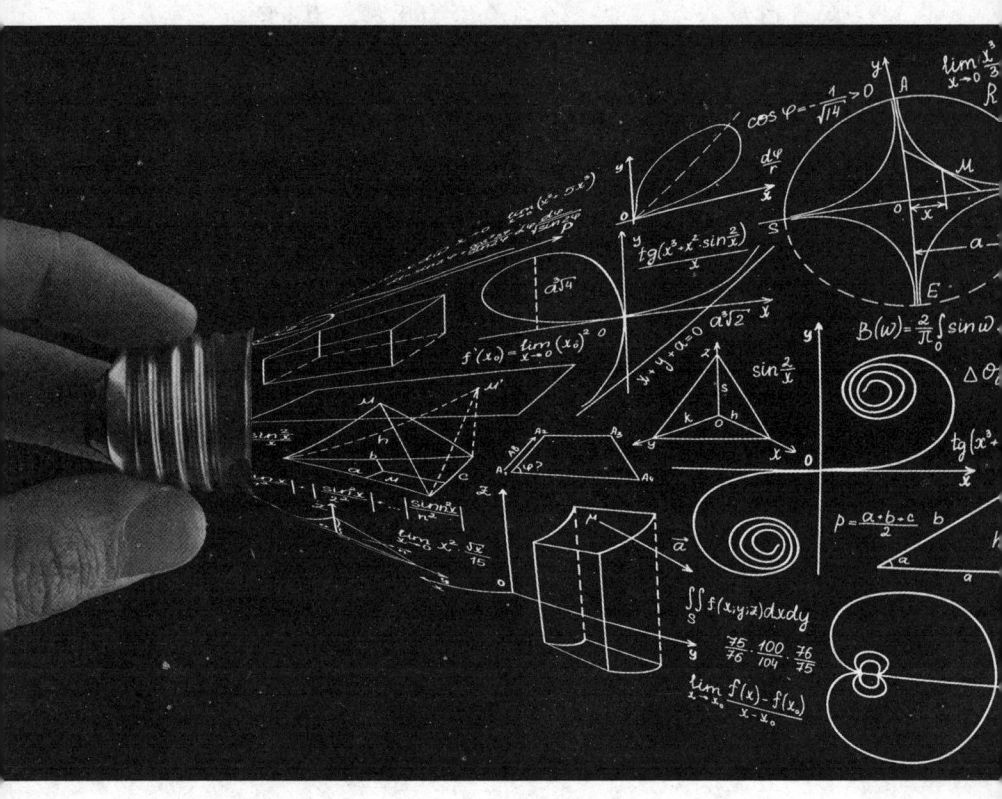

几何学

分析和讨论，或者进行补充和完善。总之，对于任何一个明确的话题，重要的不是答案，而是求出答案的系统详尽的论证或讨论的过程。在学术研究领域内，这样的求证或讨论的过程远比答案来得更重要。

苏格拉底在哲学史上更重要的贡献还在于他确立了质疑一切的原则。在他看来，并不存在什么固定不变或神圣永恒的答案。他还更进一步认为，任何答案或定论本身也必须接受理性的质疑或批判。不得不承认，就是这样的对话原则创造了对话双方完全平等的学术讨论氛围。正因为苏格拉底站在了"精神助产术"的立场之上，所以他给参与讨论的其他学生提供了极大的积极思考的空间，也为他们的思维能力和问题意识的提升和进步创造了无限的机会，使学生获得了后来居上、不断进步的巨大动力。

阅读《柏拉图对话集》，我们还能清晰地知道，作为系统论证方法的几何学的重要性。几何学方法与逻辑学方法有着密切的关系。由此可见，没有几何学或逻辑学，人类就不可能有系统的知识理论，也不可能有知识创新的可能性。

　　《柏拉图对话集》每一篇的对话讨论的模式基本是相同的，就是苏格拉底与学生之间就问题进行对话、讨论。"柏拉图学园"完全是一个师生共同体，师生之间是相互平等的，大家可以完全自由地就某一问题发表自己不同的或截然相反的看法。更为重要的是，看法可以不同，但这些不同的看法必须依据几何学或逻辑学的方法理论提供详尽而系统的论证。大家必须紧跟着论证走，而不是盲目地跟着某个老师的看法或某些所谓经典里的思想走。师生共同体之间平等而详尽的讨论是很重要的。正是这种形式的学术共同体内的争鸣和讨论才为知识的不断进步与创新搭建了学术平台。哲学发展历史也清晰地表明，没有这样的学术共同体，不要说知识的创新与进步，即便是最起码的基础知识都不可能形成。仔细查看一下自然科学和人文社会科学各学科发展的历史，我们就能够知道上述学科内的知识理论创立者主要是古希腊、罗马、英国、德国、美国等国家的学者。如翻看古希腊的亚里士多德的全集，我们就能知道，亚里士多德就是

"逻辑学""政治学""伦理学""物理学""形而上学""植物学""动物学""诗学""修辞学"等学科理论的创立者。社会、人文学科如"美学""心理学""社会学""经济学""金融学""统计学"等学科的创立者也都是欧美国家的。如实验心理学理论是德国学者冯特约在1861年创立的。1890年美国哈佛大学出版社出版了威廉·詹姆斯约1,000页的《心理学原理》。美学则是德国学者鲍姆珈登约在1868年创立的。如此等等。

## 四 平等自由的讨论是知识创新的源头

"柏拉图学园"内的学者允许有不同的看法是知识创新的源头。"柏拉图学园"晚期师生间的矛盾很尖锐,其矛盾主要表现在老师柏拉图与其学生亚里士多德之间。意大利文艺复兴时期著名画家拉斐尔的名画《雅典学院》就充分表现了师生之间对立和矛盾这一历史事实。在这幅画中,老师柏拉图伸出右手指向天空,而学生亚里士多德则用自己的左手指着地面。这幅画明显地表现了在最基本的哲学问题上,他们两人思想之间有着本质性的差异。仔细阅读《柏拉图对话集》与《亚里士多德全集》,我们便能清楚看到在很多问题上师生之间是有冲突的。柏拉图允许有不同的看法,但仅有不同看法是不行

《雅典学院》(拉斐尔)

的，必须有系统的论证。而亚里士多德则百尺竿头，更进一步。他这样说道："吾爱吾师，吾更爱真理。"在他看来，至高无上的是得到了系统而严密论证的真理，而不是所谓的"师道尊严"，不因为你是老师，我就得盲从你，就得紧跟你走，就得不断背诵你的语录。我信服的仅仅是那些得到了严密论证的思想。

与上述对话明显不一样，《论语》中的对话则采取了完全不同的另一种方式，即学生永远只是站在提问的一方。老师则对学生提出的问题直接给出了极为简单的答案。双方根本就没有任何讨论，更无详尽有效的论证及其过程，当然也没有讨论必须要遵守的逻辑思维方法理论，有的则是简单的问题与结论。由此形成的历史结果就是，中国古代儒家思想缺乏建立在逻辑论证基础上的知识理论体系或结构。自汉武帝采纳董仲舒"罢黜百家，独尊儒术"的建议后，孔子被确认是圣人。他的思想言论也就成了后世必须严格效法的经典，在国学热的今天依然如此。严格说来，这是值得商榷的。老师与学生之间没有对话，学生必须根据圣人的言论躬亲实践。这也就在历史上形成了所谓的"师道尊严"的教统。可以说，正是所谓的"师道尊严"传统压制了学术的自由讨论，阻碍了学术的进步与发展，更谈不上所谓的知识创新了。

与此截然不同的是，在"柏拉图学园"内，学术具有至高无上的地位。在讨论学术问题时，老师与学生之间完全是平等的。老师柏拉图当然会有自己的许多看法，但是亚里士多德不同意这些看法，并且提出了更为系统明确的论证。正因为允许不同看法的存在，亚里士多德的知识理论也就在较大程度上超越了柏拉图的知识理论。

应该说，亚里士多德关于许多问题的论证显得更为严密、细致。如果没有几何学、逻辑学的方法，而只满足于某些思想的提出，其结局也只能是碎片化的语录堆集。

综上所述，所谓"知识"就是得到了论证的真的信念。大约在两千四五百年前《柏拉图对话集》提出了这一概念，直至1963年，研究知识理论的学者都认同这一定义。但就在1963年有位美国学者在《分析》杂志上发表了题为《得到论证的真的信念是知识吗？》的文章，文章认为《柏拉图对话集》关于知识定义三要素的论述是不充分的,需要增加更多的要素。但是这篇文章似乎也没有能够推翻关于知识的传统定义。本书作者曾撰写过一篇文章,批评这位美国学者的上述观点,我还是认同《柏拉图对话集》关于知识的定义。试图对任何一个概念下一个完全而充分的定义是不可能的,似乎也没有这样的必要。而且学术发展历史表明,任何概念的定义都不可能是充分的。同样,对于"知识"定义,我们只要知道了其核心要素就足矣。更不能使人接受的则是,这位美国学者的文章竟然反复列举具体经验生活中的事例来试图推翻柏拉图关于知识的普遍定义,这是我所不能同意的。

# 第三章

## 如何实施知识创新

##  话语权是以知识理论体系为基础的

一个令人焦虑的历史事实是,与西方文化接触的几百年历史,我们在连续不断地丢失自己的话语权,目前不少学者在大声疾呼要抢回话语权。但是问题的实质却是,我们究竟依靠什么才能抢回自己的话语权?更为重要的是,究竟什么才是话语权的基础?根据上述的讨论,我们就能清楚地看到,所谓的话语权就是在分科治学的基础上建立起来的针对某些明确的研究对象的系统而严密的知识理论体系。如果建立了关于某类问题或某一特定研究领域的知识理论体系,我们也就自然而然地具有了话语权。反过来讲也就是,如果我们没有能力建立起自己的关于各类问题的知识理论体系,也就不可能在相

关领域内拥有自己的话语权。

根据上述的讨论和分析，我认为，要促进我国知识理论体系的思辨能力及知识理论体系的创立与发展，我们必须诱导学者与学生将自己有限的人生用来思考和讨论那些相对明确的问题或研究对象，而不能将自己有限而宝贵的人生完全埋没在模糊笼统的思维模式之中。与之相关的问题是，我们的教育目标也得做相应的调整。我们的教育历来重视书本的阅读和疏解，强调读书要破万卷。从幼小时起，读书、背书就占去了年轻人的绝大部分时间，这其实是对教育目标的严重曲解。读书不应该成为教育的根本目标。历史地看，阅读经典的目的是让我们站在古往今来伟人的肩上，自己去系统地思考、严密地讨论和较为全面地解决我们自己面临的人生问题、社会问题及其他种种问题。生理学理论告诉我们，人的大脑约在五或六岁开始发育，十八岁左右时基本发育成熟。在大脑发育、成长的阶段我们却反复让学生们背书，这有碍于大脑思考能力的提升。他们熟读了"万卷书"，却没有很好的思考、分析、论证问题的能力。这样的教

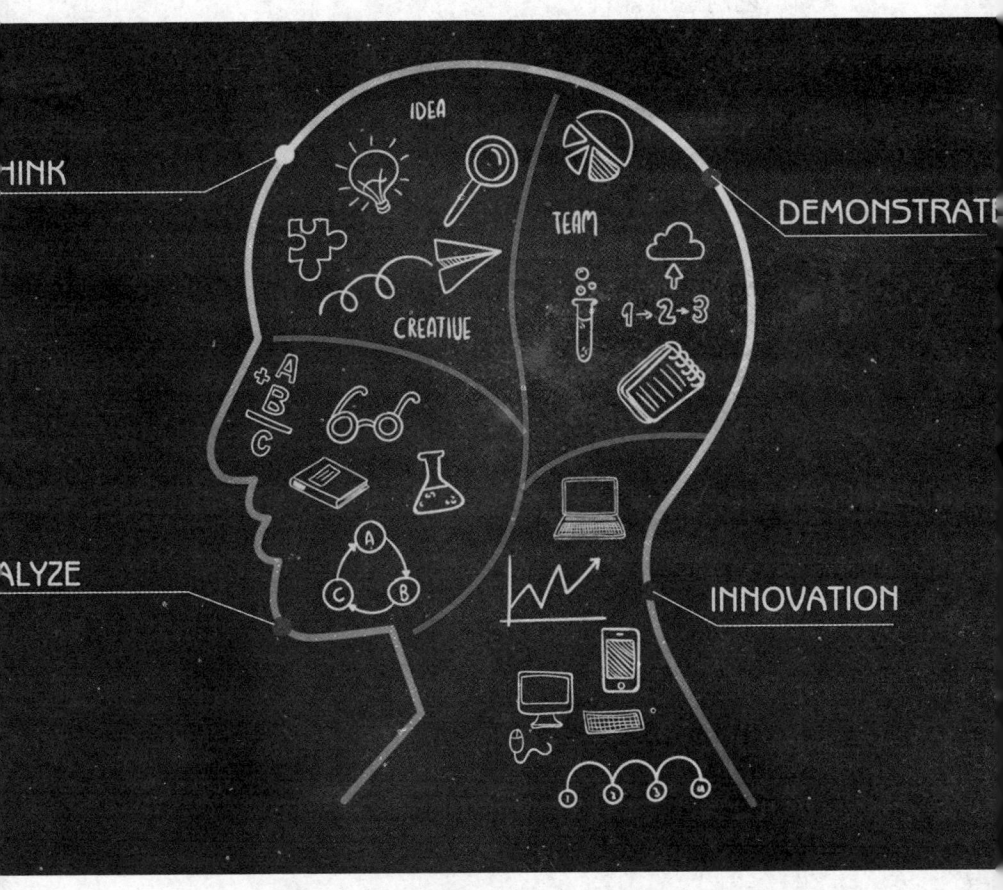

大脑

育途径不可能形成任何的知识理论,更不可能有所谓的知识创新的可能性。

　　所以我们要重视培养学生对问题的强烈兴趣和讨论思考。教育的本质属性及其目标只是让学生在阅读经典的基础上去思考经典里所涉及的问题及解决问题的方法论,要培育和提升学生思考问题和分析、论证问题的能力,而不只是熟读和背诵经典。

##  加强有明确问题意识的学术研究

从上述的讨论中,我们能得出这样的结论,即只有明确的问题意识或研究对象才能在学术研究的历史上导致分科治学模式的出现。因为能够对之做具体讨论的问题只能是明确而清晰的,只能是关于自然或社会或人文现象的某一方面的,这也就使具体而清晰的问题之间有着明确的界限。针对不同的问题必须有与之相应的学科来进行讨论研究,这样的分科治学的学术研究模式不是产生于我们的文化历史中。因为在历史上我们就从未有过追求明确而具体的问题意识或研究对象的学术传统,而只是满足徘徊于模糊而笼统的现象中,只是在不断地发挥自己的充满诗意想象的"学问"。追溯学术发展与进

步的历史,我们可以看到这样的分科治学的传统却是诞生于古希腊的雅典城邦。如《柏拉图对话集》中的每一篇都几乎集中讨论某一个明确的问题。亚里士多德则在此基础之上更进一步确立了分科治学的学术研究模式。一部《亚里士多德全集》就包含了逻辑学、政治学、伦理学、形而上学、动物学、植物学等学科。学术史告诉我们,正是分科治学的模式极大地促进了自然科学、社会科学与人文学科的发展与繁荣。

应该说,明确清晰的问题在人类的认识历史中所占的比例不是很大,毕竟还有更多模糊不清的认识对象是迄今我们无法解释或认识的。但是我们却不能不看到这样的历史事实,即近代以来几百年的人类文明历史的进步与发展都是奠基于各种各类的知识理论系统的不断创新和发展。

分科治学

## 三 加强各学科之间的交流

以分科治学为主的现代大学和研究机构主要是学理性的研究和教学机构。这里所谓的学理性的基本含义就是指以分科治学为前提而形成的知识理论体系的研究。当然,分科治学也有其不可避免的局限。其实,我们所生活的世界,各个不同方面都有着密切的关系。因此必须积极提倡跨学科的交流,以弥补分科治学带来的学术研究的不足或弊端。但这样的跨学科交流的平台依旧是分科治学的研究模式。如心理学就与脑科学或生命科学等密切相关,威廉·詹姆斯的《心理学原理》第一章的题目就是"人脑的功能"。没有人脑生理学的基础知识,心理学就容易流于文学般的想象。我们将在后面论述跨学科交流所涉及的种种问题。

## 四 有效论证必须遵循逻辑规则

学术发展的历史极其清楚地告诉我们，只有相对明确的问题或研究对象，我们才有可能进行系统、明确而有效的论证。模糊笼统的口号或标语只能被无情地排除在论证或讨论的范围之外。而文化演变的历史也明确地表明，只有经过了严格有效论证的思想或信念才能转化为系统的知识理论。近代以来的产业革命也告诉了我们这样一个历史事实，即只有经过了系统有效论证的知识理论才有可能通过精确的实验后转化为技术性的产品。同样的，社会的改造、进步也奠基于严密、系统的论证所形成的社会政治方面的知识理论体系，而不能仅仅凭借几句口号或标语。尤其是复杂的社会系统的改造更需要相关知识理论体系的引导,才能避免社会转型可能面临的风险。

要对问题或对象进行论证或讨论,我们就必须有一定的思想工具。这一思想工具就是亚里士多德所说的逻辑学,所以他将自己的逻辑学著作称之为《工具论》。《工具论》一书表述的是亚里士多德的逻辑理论系统,他强调概念的明确、判断的确当、推理一定要符合逻辑。他关于演绎逻辑的系统在两千多年的人类思想史上产生了巨大的作用。亚里士多德在其一生中研究过不少的问题,如关于伦理、政治、逻辑、物理学等。他就是以自己创立的思想工具来系统研究上述各类学科的。由于逻辑学要求概念的明确,而概念的明确需要通过能够揭示概念本质属性的定义方式来完成。正是通过如此的思想方式,亚里士多德对之进行论证或研究的问题或对象都具有相对明确的对象或领域。比如他就将政治学的研究问题与伦理学研究的问题明确地区分开来了。在他看来,伦理学主要研究的是个人的善,而政治学则是研究社会的善。它们应该分属于两个不同的研究领域。当然他没有否认伦理学与政治学之间可能具有的关系。亚里士多德的这一研究模式显然就与我们历史上的孟子大不一样。孟子认为人性是善的，并试图从性善推出仁政。在亚里士多德看来，性善显然是属于伦理学研究的对象，而仁政却落在了政治学研究的领域。可见孟子的思想没有亚里士多德分科治学的思想视野。既没有明确的问题意识，当然就缺乏可以操作的思想工具，其结果也就缺乏必要的系统论证。从现在的学术视角来看，伦理学与政治学之间还是有着本质上的差异。现在的学术界很难有人将这两个学科混在一起。高等院校一般都设有政治学院或政府管理学院，学院内的老师似乎没有人在课堂上讲伦理学方面的课程。哲学系却有伦理学教研室，有专门的老师讲述伦理学课程。由上可见，这两门学科之间的差异是十分明显的。

　　论证的目的就是为讨论问题的过程及其答案做有效、合理而系统的证明。针对问题提出的答案的合理与否完全取决于论证过程的合理性及其有效性，而与参与讨论的学者的社会地位等毫无任何瓜葛，根本就不相关。不因为你是老师或圣人或领导,我就得无条件地听从你,就得完全服从你,就得俯首称臣,而将自己的真正想法藏在内心深处。我们不得不承认,这样的对话完全是理性的、是客观的、是平等的。这样的对话才是真正意义上的学术性对话,正是这样的对话推动了知识理论体系的不断进步和创新。论述至此,我们就不得不承认,我们的文化系统内真正缺乏的就是这样的真正平等、客观而又理性的学术讨论。不但如此,由于我们的文化传统将上古尧舜禹三代描绘成黄金时代,于是在我们看来历史是退化的。这样的观念遂使中国传统文化不可能具有类似进步或发展的观念。我们不需要进步或发展的观念,因为我们曾经有过最为辉煌的三代文化或圣人,后来者的神圣职责就是尽力返回到三代。孔子说:"郁郁乎文哉,吾从周。"但是我们却难以提供确切详尽有效的论证和确凿的史料,表明我们的历史曾经有过这样辉煌的三代文明。更进一步的问题是,如果真有这样辉煌的三代文明,我们又怎样通过或凭借什么确实可行的认知途径或方法来认识和返回到如此辉煌的三代文明?如果没有这样理性的认知方法作为我们论证的基础,辉煌的三代文明只能是我们想象的产物或完全是假设,而不是理性推导或考察的结果。

还必须指出的是,上面提到的思想论证或讨论是在学术团队内部进行的。参与讨论的学者可以站在不同的思想立场,但论辩时各方都必须完全遵循思想的论辩规则。学术圈内的如此对话,不同观点之间的据理力争可以激活思想,突破已有思想的樊笼。古希腊雅典时代的柏拉图学园就是这样的纯粹民间的学术机构。后来出现的大学,在拉丁语中,就是指的行会或师生共同体。这样的行会或师生共同体的宗旨就是学术至上,论辩一定要自觉地遵循逻辑学理论规则,并能够共同自觉抵制来自宗教、政治、经济、社会等其他方面的干预,以保持这样的学术共同体其学术至上的规则。世界学术发展的历史清楚地表明,知识理论体系的进步和发展有其自身的规律,要能够真正地促进知识理论的持续进步,不断创新,我们就必须自觉而坚决地遵循学术发展的基本模式,不能随意加以干预。干预的唯一结果只能是扼杀思想创新,断送学术生命。

  与其他领域内的创新一样,知识理论体系的创新就是与众不同,就是异端,就是背离传统。记得居里夫人曾说过这样的话:"我们离传统越远,离诺贝尔奖也就越近。"固守已有的传统,也就永远不可能有创新,创新就是要超越传统。

## 五 分科治学的业绩与弊端

分科治学曾在人类历史上极大地促进了知识的进步与发展,我们都非常熟悉自然科学的分科设置,社会科学的分科也是非常鲜明。19世纪中叶以来,人文学科的分科设置也不断涌现,如美学、心理学、语言学、诠释学等的确立就是明证。

知识的急剧膨胀和迅速传播就最为鲜明地说明了分科治学巨大的历史作用。在过去的十年中,信息数量以数亿倍的速度增长、传播和淘汰,知识与信息的淘汰和增长速度在极大地改变着我们生活的社会与世界的性质。

但我们也必须清楚地看到,知识与信息的过度膨胀带来的负面效应。这就是,过于琐细的分科设置只能培养和造就大批的拥有某一领域内的专精知识系统的专家，但绝对不可能出现知识创新人才。早几年美国一些大学提出了跨学科交流的创意和计划，无疑，这样的创意和计划符合学术进步和知识创新的新趋势。但在我们国内高校，出于现实利益的考虑，无人从理论上和政策上关注大学和研究机构的学科设置及构成，也同样无人过问或在意这样的改革高等教育的大问题。因此我们现在的大学体制和研究机构遵循的仍然是早期传入中国的过度的分科治学的原则，出现了以下种种问题。例如：研究中国文化的不懂西方文化；研究西方文化的对中国文化没有兴趣；研究传统的则与现代完全隔膜不通；培养了大量的具有某一领域内的精深知识的专家学者，却创新乏力；学术视野狭窄，缺乏跨学科的方法论视野和知识方面的训练；过分强调学习、记诵和诠释经典，丝毫没有问题意识和怀疑、批判的精神，更谈不上思想或知识的创新。

当务之急，就是要在分科治学的基础上着力打通各学科间的界限。此种学科综合的目标就是以知识理论体系为基础来综合人文学科、社会学科、技术等。强调相

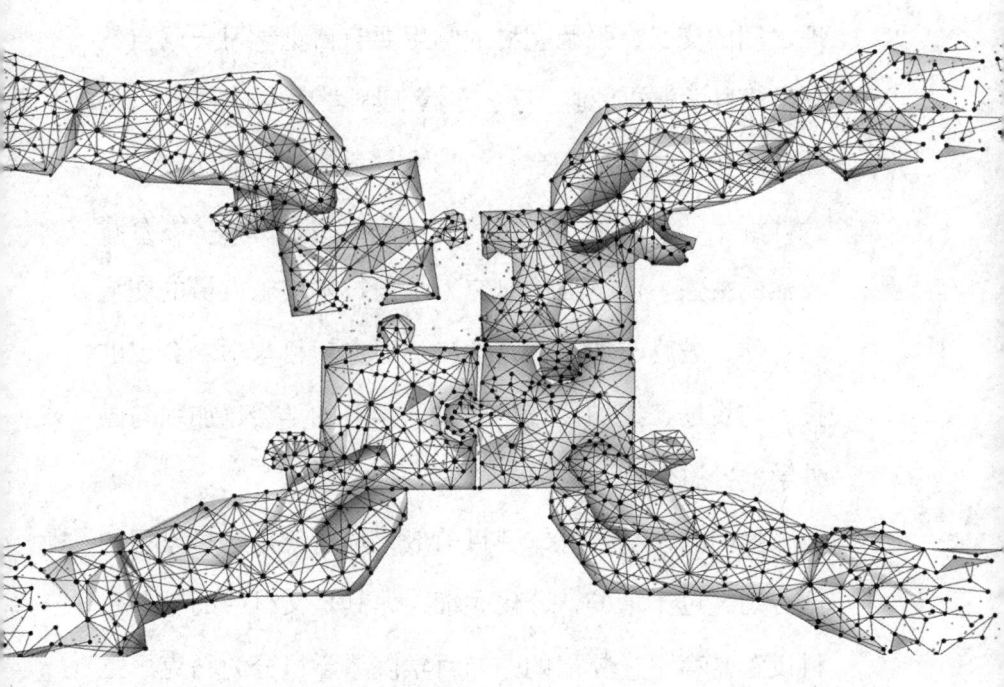

学科间的交叉融合

近学科即人文学科（文史哲）之间的融合，即哲学、文学与历史等学科之间本来就有着密切的关系，可以将这些相近的人文学科放进一个大学院的体制之内，突出文理之间的交叉，强调文科的学生要有自觉学习一门自然科学或科学史的兴趣。反之亦然，理科学生也应学习文科。重视跨学科之间的融合，如艺术与科学之间的交流与融合，音乐、绘画等本就与数学、几何学、物理学等有着天然的关系。注重理论研究人员与技术实验人员的交流与合作、鼓励与加大对跨学科的研究项目与学术会议的投入与资助、提倡设置与建立跨学科的学会、加强与国外学术界的交流等。

我们的大学教育体制目前最大弊病就是学科设置的不合理，过于琐碎，分化太细，尤其是文科中的某些系科设置是有不少弊端的。如哲学院系学科分为马克思主义哲学、中国哲学、西方哲学、美学、伦理学、逻辑学、宗教学、科学哲学。这样的设置既违反了划分标准必须同一的原则，更诱导人们只注重历史典籍的疏解，而不注重对哲学问题及中国现实社会面临的问题的研究。所以建议哲学学科的划分要以同一的标准进行,即划分成如下的学科:形而上学、知识论、美学、伦理学、宗教学、科学哲学和逻辑学。学者可以从中国哲学或马克思主义哲学或西方哲学的进路来就上述各学科涉及的问题进行深入细致的研究。更应该注意的是目前文科的学科设置中只注重学术史的研究,而从不重视对问题的研究,哲学系培养的是哲学史方面的人才。中文系也只看重文学史的知识、文字写作能力和对文学作品的感悟能力。这样的学科最终也不得不逐渐地沦为历史系科。这样的学科设置至多只能培养知识面狭窄的专家或技术人员,不可能培养出具有知识创新能力的人才。因此,这样的学科设置必须逐渐改变。同样,教学模式不应是灌输式的,而应是对话式的、讨论式的、启发式的;要注重过程的教学模式,不要过分强调结论或结果,而要培养和爱护学生的想象能力和对熟悉的事物或不熟悉的事物的惊奇感或好奇心。

但是强调跨学科研究不是完全否认分科治学的重要性,更不是说分科方法已经是弊端丛生,完全过时了,要回到我们传统完全不分科的思维模式上去。恰恰相反，分科治学是学术研究的基础。在此基础之上形成的各种深入系统的知识体系，才是未来跨学科交流与创新的基础。舍此，绝对不可能有任何思想或知识体系创新的可能。所以没有相应的分科治学，也就不可能有学科之间的综合与创新。

## 六 目前科研经费投入方式的弊端

要根本改变目前高校和研究机构的投入方式。政府很重视高校以及研究机构的建设,但是目前的投入方式却难见成效。因为这种投入方式完全与知识创新的模式背道而驰。建议:

(1) 要重视对基础学科、基础知识理论研究的投入;

(2) 基础学科、知识理论研究的投入不应采取课题或项目制,而是要普遍改善此领域内全体研究人员的研究条件,应将相当比例的研究经费、购书款项、开会差旅费等放进个人工资结构内,而不是采取报销制。政府要积极引导有关部门对研究人员的工资结构做系统的调查和深入的分析，使他们的工资结构逐步地趋于合理化，以促进基础学科研究人员积极投入研究工作。此种投入方式也可以极大地降低甚至取消高校和研究机构内的过度的行政干预学术研究的现状，给教师和研究人员营造宁静而自由的学术研究环境；

（3）目前盛行的课题或项目制度已经弊端丛生，极大地干扰了本就不是很清静的校园和研究机构。而且课题或项目制只注重开题的审核，没有对课题或项目过程和终端成果严格审查的程序和系统办法。其结果是，重大项目或课题虽有大量的经费投入，但其终端成果绝大部分是毫无新意的。而且这种研究制度也在很大程度上对研究人员的心理、道德等造成极大的负面作用。更为严重的是，近三十年来，这种课题制所催生出来的科研成果数量极大，但就其质量而言，其中的不少部分是很平庸的，有的甚至是拼凑而成，几无新意。所以这种课题或项目制对于我国的知识创新不但无益反而有极大的害处；

（4）不能将教学和研究人员人为地分割为三六九等，

分为长江学者、跨世纪人才、新世纪人才、百千万人才工程、特聘教授等。这样的人才切割投入模式不但无益，反而有极大的和极多的弊端。扩大了教师收入之间的巨大差距，就是其中最为明显的一个弊端。这就极其不利于研究队伍的整合与团结，造成了教师队伍与科研人员之间的不平等；要坚决反对急功近利的硬性的科研指标评价体系，此种评价体系不但无助于我国的知识创新，反会损害、耽误、阻碍知识的进步与创新。此种硬性评价指标实施多年以来催生的是不少只有数量而毫无新意和质量的平庸的学术出版物。哈佛大学哲学系的罗尔斯教授从20世纪的50年代至70年代之间长达20年的时间里几乎没有任何东西发表，也有人曾经质疑，此人在哈佛大学哲学系到底在干什么？如果采纳我们的评价指标，哈佛大学早就应该开除了罗尔斯。但是当时哈佛大学文理学院的院长本人是一位优秀的学者，就是凭借这样的学术地位当上了文理学院院长。他清楚地知道，必须遵循严格的学术研究规则来进行文理学院的管理。他本人是坚决反对我们当下所津津乐道的评价指标，看到了这样的评价体系所能够做的就是扼杀学术天才。他清楚地看到了罗尔斯潜在的学术能力，不但没有开除他，反而有机会就给罗尔斯不断加薪。正是哈佛大学这样的学术氛围遂使罗尔斯于1971年出版了至今享誉国际学术界的哲学名著《正义论》，1993年又出版了大作《政治自由主义》。

## 七　适当改变高校行政管理模式

近三十年来，由于大学及研究机构的合并，一方面我国目前的大学和研究机构规模不断扩大，研究人员与学生数量也随之激增；另一方面却是我国大学及研究机构的管理能力及水平却相当滞后，这两者之间已经形成极大的矛盾。此种情形极其不利于中国学术的繁荣与知识的创新。根据目前我国大学及研究机构的超大规模，要完全去行政化根本就是行不通的。虽然过分的行政化管理确实严重地干扰了学术研究，但要完全地去行政化，也会使大学及研究机构失去相当的依托。因为毕竟学术研究与高校的管理之间是有一定区别的，强调教授治校未必适宜，现在急需的是改变行政管理的模式，即大学及研究机构所需要的管理必须要逐渐完全而严格地奠基于学术发展和繁荣的基本规律，遵循思想自由、学术至上的原则。

# 第四章

## 直觉驱动知识创新

## 一 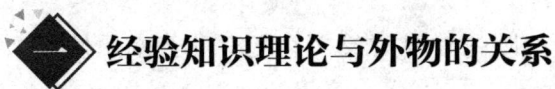 经验知识理论与外物的关系

我们在前面已经反复指出过,这里所谓的知识创新主要指的是经验知识。所谓经验知识涉及是研究关于外在自然界、社会及人自身等对象形成的各种知识理论体系。对经验知识我们也曾做了比较详细的分析,并详细解读了形成知识体系三要素中"逻辑的论证"这一最为重要的要素。显然,上述讨论的重点在于知识本身,但由于经验知识是关于自然、社会及人自身研究而形成的。现在的问题是,通过这类途径形成的知识理论体系与外在的对象究竟处于一种什么性质的关系呢?知识理论体系的形成必须分门别类,其所研究的对象也有同样的区分吗?

更需要我们注意的是，任何知识理论体系都是由概念、判断和推理组成的。而概念、判断和推理又都必须以语言为其基础才能实现。如果真是这样的话，那么语言或概念与其所反映的外界对象之间又有什么本质性区别呢？我们下面先从逻辑分析方法本身来开始讨论上述涉及的各种重要的问题。

20世纪40年代前后，分析哲学曾经在西方哲学界有过强大的甚至是支配性的影响。其时的维也纳学派就坚信逻辑分析方法是哲学研究主要的或唯一的方法，尤其在知识论的研究领域内，哲学家们运用的方法就是逻辑分析的方法。现在看来，这样的看法自有其偏颇之处。但我们应该承认的是，逻辑分析方法是知识理论研究或表达的必要方法。具体说就是，如果没有逻辑分析方法，那么知识理论的研究就会举步维艰，难有所获。然而我们同时也必须清楚地看到，只有逻辑分析方法并不能真正地解决经验性知识理论体系面临的种种问题，更难以解决知识创新面临的一系列问题。而且某些生命哲学家们对此有着更为极端的看法。他们认为，逻辑分析方法不仅不能解决任何哲学或知识论所要解决的问题，还有破坏哲学或知识理论体系的嫌疑。在他们看来，逻辑分析方法走到哪里，哪里的哲学或知识理论体系也就随之消亡了。对逻辑分析方法做如斯观，虽不免有失公允，走向了另一个极端，但也不能说是全无道理的。在维也纳学派的哲学家们看来，哲学并不是与科学并列的一种学科，而仅仅是一种活动，一种分析科学命题究竟有无意义的活动。所以哲学如果有其存在权利的话，那么它也只不过是科学的一种工具。维也纳学派哲学家们所理解的科学，实质上所指的就是知识理论体系。

众所周知，中国现代著名哲学家金岳霖是最先从西方引进数理逻辑的学者，他十分重视逻辑分析方法在哲学研究中的重要作用，并以这一方法构造了自己庞大而精密的形而上学和知识理论体系。但他却明确地指出，逻辑分析方法本身是有局限性的。在进行哲学思维的时候，我们必须或者说不得不遵守逻辑分析方法的法则，逻辑分析方法的法则是与思想的任性和随意不相容的。于是，金岳霖这样说道："希腊的 Logos 似乎非常之尊严，或者因为它尊严，我们愈觉得它的温度有点使我们在知识方面紧张；我们在这一方面的紧张，在情感方面难免有点不舒服。"① 在其哲学思想体系中,他没有把逻辑看作是最高的境界，而是把逻辑置于中国的概念"道"之下。在他看来，"道"才是哲学中最上的概念，最高的境界。"道"得到了希腊逻辑的补充和加强，虽然多少不免带有点冷性，"可是'道'不必太直，不必太窄，它的界限不必十分分明；在它那里徘徊徘徊，还是可以怡然自得。"②

金岳霖本人也曾经这样说过："哲学就是概念游戏。"所谓的概念游戏是说，哲学家的职责是对概念做精深细致的分析，揭示出被分析概念的种种含义及与其他不同概念之间的联系。金岳霖这种说法就是典型的分析哲学家的说法。德国哲学家莱布尼茨就说过，哲学有两种，一种是公布于众的哲学，这样的哲学的任务是对所使用概念做细致精深的分析。还有一种哲学是自己私下里所信奉的信念体系。其实在金岳霖的内心深处，哲学也有

---

① 金岳霖：《论道》，北京：商务印书馆，1987年，第16页。
② 金岳霖：《论道》，北京：商务印书馆，1987年，第19页。

两种，所不同的则是，他将这两种哲学都公布了出来。他的知识论研究所运用的是逻辑分析的方法，而他的形而上学思想体系所运用的主要不是分析的方法，或者说Logos在他的思想体系中并不是最高的。正是在这后一种意义上，金岳霖指出，概念越是分明，就越不能具有暗示性。因此他这样说道："然而，安排得系统完备的观念，往往是我们要么加以接受，要么加以抛弃的那一类。作者不免要对这些观念考察一番。我们不能用折中的态度去看待它们，否则就要破坏它们的模式，这里也和别处一样，利和害都不是集中在哪一边。中国哲学非常简洁，很不分明，观念彼此联结，因此它的暗示性几乎无边无涯。"①

冯友兰也有着几乎同样的看法。他早年通过自学逻辑学走上了学习和研究哲学的道路。他认为"逻辑是哲学的入门。"正是逻辑学引导着他走进了哲学的殿堂，所以他也就十分强调逻辑分析方法对于中国哲学的重要意

---

① 金岳霖：《论道》，北京：商务印书馆，1987年，第16页。

义和价值。他说:"就我所能看出的而论,西方哲学对于中国哲学的永久性贡献,就是逻辑分析方法。……逻辑分析方法正和这种负的方法相反,所以可以叫作正的方法。……正的方法的传入,就真正是极其重要的大事了。它给予中国人一个新的思想方法,使其整个思想为之一变。……重要的是这个方法,而不是现成的结论。中国有个故事,说是有个人遇见一位神仙,神仙问他需要什么东西。他说他需要金子。神仙用手指头点了几块石头,石头立即变成了金子。神仙叫他拿去,但是他不拿。神仙问:'你还需要什么呢?'他答道:'我要你的手指头。'逻辑分析方法就是分析哲学家的手指头,中国人要的是手指头。"[1]

可见,冯友兰对于逻辑分析方法的重要性给予了极高的评价。他早期的哲学创造活动所运用的主要的或唯一的方法似乎就是逻辑分析方法。但在中年之后,特别是在创立了自己的哲学思想体系之后,他逐渐地意识到

---

[1] 冯友兰:《中国哲学简史》,北京:北京大学出版社,1985年,第378-379页。

点石成金

了，逻辑分析方法并不是哲学研究的唯一的方法。于是他这样评论道："我在《新理学》中用的方法完全是分析方法。可是写了这部《中国哲学简史》以后，我开始认识到负的方法也很重要……现在，如果有人要我下哲学的定义，我就会用悖论的方式回答：'哲学，特别是形而上学，是一门这样的知识，在其发展中，最终成为'不知之知'。如果的确如此,就非用负的方法不可'。"[1] 或者说，负的方法对于形而上学来说或许具有更重要的地位。于是，他又这样说道："一个完全的形而上学系统，应当始于正的方法，而终于负的方法。如果不终于负的方法，它就不能达到哲学的最后顶点。但是如果它不始于正的方法，它就缺少作为哲学的实质的清晰思想。神秘主义不是清晰思想的对立面，更不在清晰思想之外。它不是反对理性的，它是超越理性的。"[2]

---

[1] 冯友兰：《中国哲学简史》，北京：北京大学出版社，1985年，第394页。
[2] 冯友兰：《中国哲学简史》，北京：北京大学出版社，1985年，第394页。

在冯友兰看来，逻辑是哲学的入门，但要达到哲学的最高境界却不能仅仅依赖于逻辑分析的方法。这样的看法是冯友兰完成了自己的哲学思想体系的创建之后形成的。正是基于这样的看法，他反复地指出，哲学的功用并不在于使人获得更多的知识，而在于使人提高其境界。"新理学"认为其使命在于使人成为圣人，达到一种崇高伟大的精神境界。在此境界之中，人自觉到自己与宇宙为一。与宇宙为一，在冯友兰看来，也就是超越了理智，达到了一种形而上的境界。我们追求这一境界的过程始于分析经验事物，所以我们也就不得不依赖于逻辑分析方法。但是哲学所要达到的顶点却是超越经验的。冯友兰明确地说过："清晰思想不是哲学追求的目的，但它却是每个哲学家所需要的不可缺少的训练。这也就是说，逻辑分析方法是哲学的手段或工具或训练，而不是哲学真正的目的。哲学真正的目的是追求最高的精神境界，达到这样的精神境界不是借助于支离破碎的逻辑分析方法所能够做到的。在达到这样的精神境界之前，我们要说很多的话，要写很多的书，做很多的讨论或分析。

但这些仅仅是进入哲学顶点的学术性的预备功夫，它们本身还不就是哲学。只有在静默中，你才有可能领略到哲学的最高顶点或最高境界。"①

如果沉湎于逻辑分析方法，把这样的方法本身看成是哲学的目的或哲学本身，认为论证或分析是哲学的核心，就无疑是误解了哲学的性质，误把手段当成了目的。这样做，诚如金岳霖所说的那样，"哲学家就或多或少地超脱了自己的哲学，他推理、论证，但是并不传道。"②如斯，哲学也就成了布满技术性的问题，掌握它需要时间，需要训练，需要学究式的全神贯注于技术性或方法论的问题。经过这样的训练之后，哲学工作者往往会迷失自己的方向，全然不知哲学为何物。维也纳学派的哲学家就是误入了此种歧途之中。严格说来，他们不能称之为哲学家，充其量只能叫作哲学工作者。因为真正的哲学家，在金岳霖看来，"从来不但是提供人们理解的观念模

---

① 冯友兰：《中国哲学简史》，北京：北京大学出版社，1985年，第387页。
② 金岳霖：《论道》，北京：商务印书馆，1987年，第20页。

式，它同时是哲学家内心中的一个信念体系，在极端情况下，甚至可以说就是他的自传。"[1] 把逻辑分析方法或论证看作是哲学的核心，就会使哲学和哲学家分离，这就改变了哲学的价值，使世界及其生命失去了绚丽多姿的色彩。

---

[1] 金岳霖：《论道》，北京：商务印书馆，1987年，第20页。

## 二 概念思维方式的局限性

上述的看法涉及了概念思维的某些重要特点。

传统认识论认为，概念是反映对象本质属性的思维形式，它具有间接性、概括性、抽象性、离散性、排他性等属性。概念认识是认知主体通过事物现象进而把握其本质的认识，然而它们又不能揭示作为认知客体的对象的整体属性。反映在概念认识中的事物的本质只是客观事物某一方面的本质表现出来的现象，而客观事物本身却具有种种错综复杂、层层交叠的属性，所以概念认识也就与客观事物之间有着巨大的差异。客观的自然界、社会生活是无穷无尽的，极其复杂的，每一事物都处在与其他事物错综复杂的关系网络之中。而概念的认识为

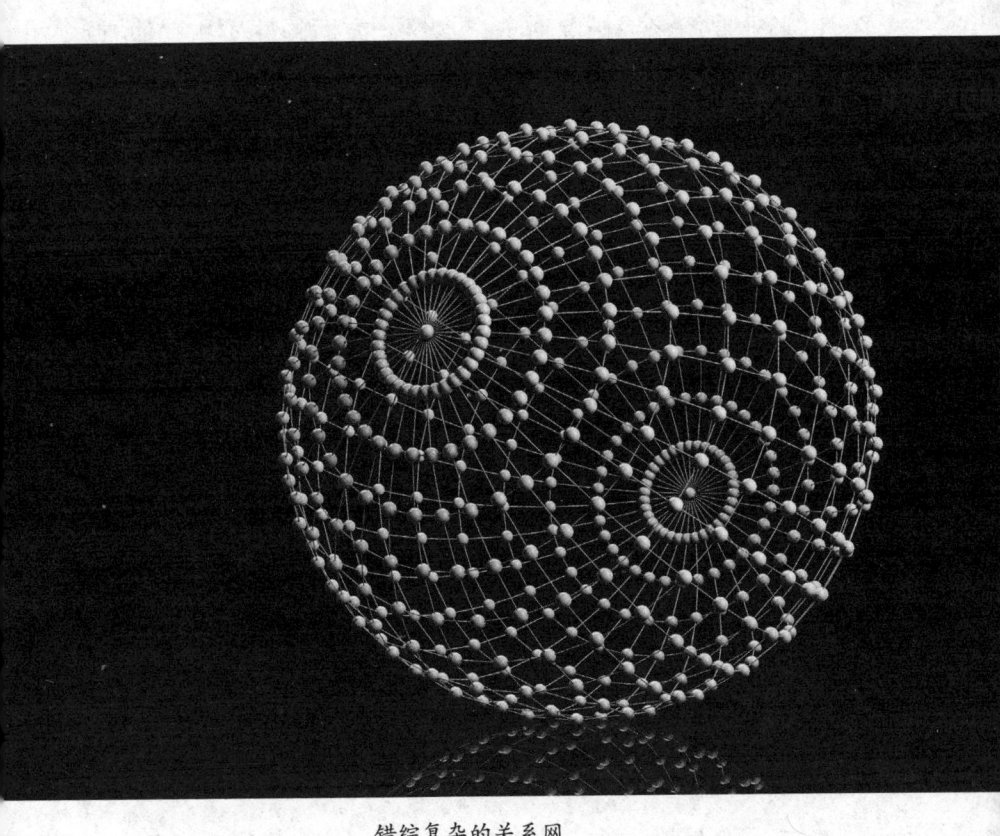

错综复杂的关系网

了要达到对某一对象某一方面的认识，就必须要淡化甚至要坚决地排除认识对象和其他事物之间的复杂联系，也必须要淡化或排除对象自身这一方面的性质和其他方面性质之间的种种联系。这就是认识上的离散性、排他性，其结果就使认识客体在一定程度上变了形。概念认识的这一特点决定了逻辑思维本身的局限性，即它永远无法完整地描述和说明这个无限的对象世界本身。在此我们可以举例清楚明确地说明这一点。如命题"这是一个男人"显然是一个单称命题，但这一命题却无法指称一个特定的男人，而是适合于世界上任何时间、任何地点的任何一个男人。即便人类消失后，这一命题依然有其存在的意义。如果要以这一命题特指某一个男人，我们必须在特定的时间、特定的地点，并且用自己的手指指向某一特定的男人。比如2019年3月2日下午三点二十分在北京大学某一个教室内，我用手指指向教室内最后一排左边坐着的那个男人，说"这是一个男人。"这样我们才能确切地知道"这是一个男人"的命题具体而现实的含义，如此等等。通过这样一个简单的例子，我们就能清楚地看到语言文字或概念与其所要表达的对象之间的本质性区别。

而且概念一经形成就具有稳定、静止的特性，而认识对象则不一样，它们处在永恒的运动变化过程之中。当然，事物的运动变化也会呈现出一种相对静止的状态。然而这种所谓的静止却是相对的，因为静止是运动的一种特殊状态，所以说是相对的，而运动应该说是绝对的，所以作为对象的事物不可能是绝对静止的。但是概念一经形成，它就具有普遍的、静止的、抽象的性质，于是它们也就不可能随事物的运动变化而变化。所以概念是绝对静止的，正因为如此，它们也就不能够完全地反映和把握外在事物运动变化的全貌。就此而言，概念的认识常常使人的认识或思想倾向于僵化、停止、封闭。正因为这样，它们往往要落后于现实的运动变化。而且概念的认识也永远不可能引领认识者走进客观事物的永恒运动变化过程本身，于是它们也就不得不处在这样的运动变化过程之外，成为身外之客。就此而言，概念很难完成其本身的任务，即反映外在对象的本质属性。而且概念的含义必须是同一的，绝对不能自相矛盾。概念的这一本质特性决定了它们绝对不可能充分完全地反映客观事物自身所包含的各种性质及其相互之间错综复杂的矛盾。众所周知，客观事物自身却充满着种种错综复杂、难以言说的矛盾。如此等等。

现在的问题是，我们究竟如何才有可能进入客观世界之中，真正认识和把握客观对象的实质呢？在此，我们借用中国现代哲学家冯友兰的说法来解读。他本人要解决的问题不是认识论方面，而是思考如何才能进入人生的最高境界。他认为，我们必须要借助于静默或采用负的方法或他所谓的"直觉概念"。在这里所谓的"哲学的最高的顶点"就是冯友兰境界理论中的"天地境界"。要进入这一境界，概念的分析是必须要走的第一步，但它也仅仅是入门的途径，而绝不是"天地境界"本身。如果说科学的宇宙是有限的，那么哲学的宇宙则是无限的。在冯友兰的哲学思想体系中，人要进入"天地境界"必须要与这样的无限宇宙同其广大。这就是他所说的"同天"。人有这样的境界，必须首先要有"觉解"。冯友兰指出,"解"是一种类似于概念的分析,而"觉"不必依赖于概念。在他看来,倘若纯粹依赖于概念分析,我们根本不可能进入这样的精神境界之中。但是,如果没有这样的概念分析方法,我们也同样不可能进入这样的境界之中。这正如朱熹所说的那样,必须经过今日格一物,明日格一物的积累,我们才能最终达到"豁然贯通"的境地。他说:"盖人心莫不有知,而天下之物莫不有理,惟于理有未穷,故其知有不尽也。是以《大学》始教,必使学者即凡天下之物,莫不因其已知之理而益穷之,以求至乎其极。至于用力之久,而一日豁然贯通焉,则众物之表里精粗无不到,而吾心之全体大用无不明矣。"[1]

禅宗南派创始人六祖慧能积极提倡"顿悟成佛"说,主张不立文字,专靠当下的领悟把握佛理。他所谓的"顿悟"大意是说要凭自己的智慧或根器"单刀直入",直接把握佛理,"一闻言下便悟,顿现真如本性。"所以他们

---

[1] 朱熹:《大学章句·补格物传》,见冯友兰《中国哲学史》下,北京:中华书局,1961年,第919页。

反对念经拜佛，甚至反对坐禅。他们之所以如此行事，是因为在他们看来，佛性就是人性，这就是他们倡导的"本性是佛"说，"本性是佛，离性无别佛"。既然人性即是佛性，那我们也就大可不必向身外去求，当然也就更不必长途跋涉去西天取经了，"佛向身中作，莫向身外求"。佛不在遥远的彼岸，而在自己的内心之中。只需返身内求，当下体认，"自性若悟，众生是佛"。因为佛性就在人性之中，当然也就无须念经拜佛，同样也不必立文字。内在的佛性不可能仅仅通过文字来求得全盘的把握。"真如佛性"不在语言文字之内，更不能通过念经拜佛这些外在的形式表现出来。更有甚者，禅宗思想中还有着大量非逻辑的思想成分。如著名的善慧大士的偈语："空手把锄头，步行骑水牛，人从桥上过，桥流水不流。"其他又如"看！海中生红尘，大地浪滔滔，尽是聋耳人""昨夜木马嘶石人舞"等等。这些说法显然是不符合常人的逻辑思维规则，而且是明显反对逻辑思维规则的。可能是禅宗意识到，依靠逻辑思维方式或借助于语言文字不可能使人获得精神方面无限的追求。

在他们看来，要真正把握佛法大意，只有抛却语言文字。于是雪峰义存禅师如斯说道："我若东道西道，汝则寻言逐句。我若羚羊挂角，汝若向甚么处扪摸。"可见，"佛法大意"不在语言文字之中。如在语言文字之中，那么我们也就可以遵循逻辑思维的规则寻找摸索"佛法大意"。但是禅宗却坚决反对如此的做法，直斥之为"死于句下"。"佛法大意"本不在语言文字之中，所以我们不可以通过语言文字的迹象来求索。这就是所谓的"羚羊挂角"。

可能正是基于如上的看法，日本禅学大师铃木大拙在其《通向禅学之路》一书中这样说道："我们通常总是绝对化地思考'A是A'，却不大去思考'A是非A'或'A是B'这样的命题。我们没有能突破知性的各种局限，因为它们已经非常强烈地控制了我们的大脑。然而，在这方面禅宗却宣称，语言是语言，它只不过是语言。在语言与事实并不对应的时候，就应当抛开语言而回到事实。逻辑具有实际的价值，应当最大限度地活用它，但是当它已经失去了效用或越出了它应有的界限的时候，就必须毫不犹豫地喝令它'止步'！从意识觉醒以来，我们探索存在的奥秘来满足我们对理性的渴望。我们找到的却是'A'与非'A'对立二元论即桥自桥、水自水、尘土在大地上飞扬的二元论。可是，随着期望的增长，我们却没有能够得到我们所期待的精神的和谐宁静、彻底的幸福及对人生与世界更靠近一步都不可能，灵魂深处的苦闷也无法表露。正好，这时光明降临在我们全部存在之上，这，就是禅宗的出现。因为它使我们领悟了'A 即非 A'，知道了逻辑的片面性。……"[1]

"花不红，柳不绿"，这就是禅者所说的玄妙之处。把逻辑当作终极真理，就只能作茧自缚，使我们看不见活生生的生活世界，更不可能真正把握生命的本质及其意义。可是，现在我们却找到了全面转换的金钥匙，我们才是实在的主体，语言放弃了对我们的支配力，当我们具有了发自本心的活动，锄头也不再被当作锄头的时候，我们就赢得了完完整整的权利，也没有锄头一定要是锄头的时候。

---

[1] 铃木大拙：《通向禅学之路》，上海：上海古籍出版社，1989 年，第 36 页。

不仅如此，按照禅宗的看法，正是当锄头不必是锄头的时候，拒绝概念束缚的物的实相才会渐渐地清晰显露出来。

概念与逻辑的专制崩溃之日，就是精神的解放之时。因为灵魂已经得到了解放，也就再不会有违背它的本来面目而使它分裂的现象出现了。由于获得了理性的自由而完完全全地享有了自身，生与死也就不再折磨自己的灵魂了。因为生与死之间的二元对立已不复存在，死即生，生即死，虽死而生，生死相依。过去我们总是以对立、差别的方式来观察事物，与这种观物方式相应，我们又总是对事物采取对立的态度，可是现在我们却达到了能即物体察的新境界。这正是铁树开花，正是处雨不濡啊！于是，我们的灵魂便是一个完整的、充满了祝福的世界。

禅宗上述看法的一个思想资源就是道家。道家的最高范畴是"道"。"道"是形而上的本源，"道生一，一生二，二生三，三生万物。"这种形而上的"道"是不可言说的，也不是语言所能够把握的。老子勉强地给它一个字叫作"道"。在老子看来，不可言说的"道"显然是不同于可以言说的"道"。所以他说:"道可道,非常道;名可名,非常名。"这就是说,可以言说的道不是永恒的道,可以用语言表达的名不是永恒的名。反过来说就是,凡是能够用语言表达的东西都不是永恒的或形而上的。永恒的或形而上的东西都不在语言之内。所谓的分析论证对象既然是对概念或文字的分析,所以道家的"不道之道""不言之辩""不言之教"当然也不在概念的分析或论证的范围之内。庄子则进一步发展了这一思想,他说道:"筌者所以在鱼,得鱼而忘筌。蹄者所以在兔,得兔而忘蹄。言者所以在意,得意而忘言。吾安得夫忘言之人而与之言哉!"(《庄子·外物》)

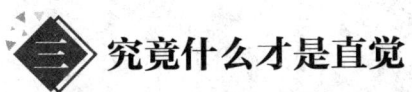 **究竟什么才是直觉**

说到这里,我不禁想起了著名的哲学家维特根斯坦。他曾经在可以言说的东西与不可言说的东西之间划下了一道严格而明确的界限。他这样说道:"诚然有不可言说的东西。它们显示自己,此即神秘的东西。哲学的正当方法固因如此:除可说者外,即除自然科学的命题外——亦即除与哲学无关的东西外——不说什么。于是,每当别人要说某种玄学的事物,就向他指出:他对于他的命题中的某些符号,并未给以意谓。对于别人这个方法是不能令人满意的——他不会觉得这是在教他哲学——但这却是唯一正当的方法。我的命题由下述方式而起一种说明的作用,即理解我的人,当其既已通过这些命题,并

攀越其上之时，最后便会认识到它们是无意义的（可以说，在他已经爬上梯子后，必须把梯子丢开）。他必须超越这些命题，然后才会正确地看待世界。对于不可言说的东西，必须沉默。"① 命题是可以言说的东西，外界的实在是不可言说的。对于不可言说的，我们必须保持沉默。只有在沉默中，我们才能真正地把握对象。冯友兰认为，维特根斯坦的"保持沉默"就是在以"负的方法"来讲形而上学。

其实早在维特根斯坦之前，法国哲学家柏格森就以一种十分明确的方式突出了直觉方法的重要性。可以说，柏格森对于直觉思维进行了迄今最为系统而详尽的研究。他认为，概念的分析只能停留在事物的外围、现象，而不能洞察事物的本质。他进一步指出，我们要想真正能够把握事物的实质不能仅仅运用理智的力量，还必须进一步借用直觉的力量。只有直觉才能够引领我们进入事物自身，从总体上把握事物内在的本质及其相互之间的

---

① 转引自韩林合《〈逻辑哲学论〉研究》，北京：商务印书馆，2000年，第595页。

攀登与超越

关系。概念只能运用于死的、寂静的个体事物，而不能运用于生活和运动。他认为，哲学真正的世界观，是直觉、是生活。人的生活是一种动态的流水；宇宙中充满着创造的精神，它是一种活生生的动力，是生命之流。生命之流是数学等自然科学知识所无法真正把握的，只能由一种神圣的同情心，即比理性更接近事物本质的感觉所鉴赏。他说："哲学是从其过程、生命推动力方面来理解和把握宇宙的艺术。"

正是基于这样的看法，柏格森指出，概念的思维模式应该是科学思维的模式，应该是理智的模式，所以概念思维不应该是哲学思维的模式。或者说概念思维模式是哲学思维中的低级模式。在他看来，真正的哲学应该属于直觉的领域。当然他也并没有将这两者完全地对立起来，而是认为它们是可以统一起来的，但此统一的基础应该就是直觉。他这样说道："科学和形而上学在直觉中统一起来了。一种真正直觉的哲学必须能实现科学和哲学的这种渴望已久的统一。"[1] 根据这样的看法，我们

---

[1] 柏格森：《创造进化论》，北京：商务印书馆，2004年，第233页。

可以清楚地了解到，直觉并不反对概念的认识，而是一定要以概念的认识为其基础。因此在柏格森关于直觉理论的论述中，直觉与理性不是截然对立的，相反，直觉必须要以理性为其基础。在他看来，直觉是以理性为其基础，是对理性的提升。但在《东西文化及其哲学》一书中，梁漱溟误读了柏格森的上述思想，将理性与直觉完全对立起来，并以这样的直觉来解读中国传统文化。遂使不少人将直觉与本能联系起来，认为中国传统文化走的就是本来的路向或本能的路向。此书出版两年后，梁漱溟意识到自己对柏格森相关思想的误解，以后就不再用直觉或本能，而是用罗素所谓的"理性"来解读中国传统文化。

由于概念或语词这样的工具不能使我们完全而准确把握认识或了解对象及其本质，所以我们也就只能在概念认识的基础上将自己提升到直觉的境地或状态之中。

那么我们又是怎么样借助直觉来把握事物的呢？显然在此我们根本不可能以概念或语词这样的工具来清楚而明确地解读或把握外在事物，因为概念或语词具有不可避免的离散性、抽象性等特性。这就迫使我们不得不把眼光转向与概念思维性质截然不同的直觉。

那么什么是直觉呢？直觉究竟又具有什么样的特性呢？我们先来听听法国哲学家柏格森对此是怎么解读的吧。他撰写过《创造进化论》《形而上学导论》等专著，对直觉进行了系统深入的研究。

花费大量时间来解读柏格森的相关理论不是我们当下的目的，在此对我们而言重要的是，柏格森对直觉特性及其性质简明而直接的概括。他曾经这样简洁地说过，直觉就是"一种单纯而不可分割的感受"。根据柏格森的这一解读，直觉明显具有概念思维不可能具有的"不可分割"性。正是这里所说的"不可分割"性引领我们直接进入了客观外在的事物之中。

## 四 直觉引领着我们的生活

其实在现代的工业、农业、艺术、体育等领域中也正是直觉在默默地引领着我们走向成功。遗憾的却是,绝大部分人对此没有清楚的意识。比如歌唱艺术就是如此的。我们曾经提及,美声唱法训练的三个基本要素是:腹式呼吸、声带发声与口腔打开。根据声乐理论知识,学声乐的人必须在相关的知识理论的引导下有意识地长期而反复地在这三个方面下功夫。经过长期有意识的训练之后,训练者就能够在无意识中完美地做好上述的每一个基本动作,并且进一步完美地将上述的几个要素融合在一起。这就类似于柏格森所说的"直觉"境界。于是,走上舞台之后,正是这样的"直觉"引领歌唱者能够将自己的心思完全放在自己将要演唱的歌曲所要表现的内容上，并将自己完全融入歌曲或歌剧的情景之中。对此我本人是有深刻感悟的。我对美声唱法的兴趣很强烈，买过不少关于声乐理论方面的专著，并对这些专著做过深入的研读。也就是在研读上述专著的基础上，自己花费了大量的时间来练习声乐。我自己经常去公园、校园内人数少的地方去练唱。我也认识不少的著名歌唱家，与他们讨论声乐理论及实践方面的问题，他们很认同我的看法。我也曾经在不少大的场合演唱过《我爱你，中国》《啊，我的太阳》《今夜无人入睡》等经典歌曲。我本人非常清楚，演唱时的心情与平时练唱是完全不一样的。但平时通过严格训练打好的基本功，是在舞台上出色表演的基础。只有在这样的基础上，我们才有可能超常的发挥，否则绝无可能。这就是理性与直觉的结合。

同样，现代舞蹈、现代体育等领域的训练遵循的基本也都是这样的模式，即先在相关领域知识理论的指导之下，进行有意识的、有阶段性的或一个动作一个动作的精准训练，这样长期训练之后就形成了无意识的准确

## 第四章 | 直觉驱动知识创新

而完美的动作模式,然后才能完全进入舞台表演或进入竞技场比赛,以取得理想的效果。如果进入舞台表演或竞技场时,我们还在考虑某些动作该如何来做,那么其结果也就是我们完全不可能融入舞台或竞技场所需要的那种境界之中。我本人练过声乐,也练过体操,并曾参加过体操比赛,也很喜欢打篮球,因此对这样的运动模式很是熟悉。比如打篮球时的投篮动作看似非常简单,但事实却并非如此。这一动作首先涉及的是拿篮球的手背与小胳膊肘之间弯曲的角度,有关专家认为最佳的角度是75度左右。另一只手则起着两个作用,即保护篮球和施加压力,施加的压力越大,投篮的手的反弹力也就越大。篮球抛出去后投篮的手掌中间的三根手指必须对准篮圈。而且投篮动作不只是手腕用力,胳膊、肩、腰部、腿部、前脚掌跳离地面等都在加力。还必须附加的是,投篮前运动员必须是后脚跟离地、前脚掌着地;这样的站姿才能迅速产生强大的爆发力。如果后脚跟着地,起跳的动作就会明显减慢。大腿与小腿的弯曲度,一般说来以70度左右为宜,弯曲度过大,投篮时的力度会减弱;

弯曲度过小，往上弹跳的速度会放慢。如此等等。可以说，看似简单的一个投篮动作，在投篮的一刹那间动用的却是全身的力量，需要身体各个部分的密切配合。总之，上述的每一个动作都必须在相关的知识理论指导下经过长期严格精准的有意识的训练之后，我们才有可能在篮球比赛场上成为令人瞩目的神投手。我曾经在北大的篮球场上给一起打球的年轻人谈起我对投篮动作涉及的要素的分析，他们都问我是不是体育系的老师。由于我本人几十年以来对上述的各项运动很有兴趣，有的也经过刻苦的训练。因此，我本人完全认同柏格森所说的直觉具有的那种"单纯而不可分割的感受"性质，只有依靠如此的直觉模式，我们才能够整体地感受外界的自然景色，整体地融入文学、艺术、体育等所要求的境界之中。

  我们也可以以阅读为例，来理解究竟什么是直觉及其具有的特性。目前教育的基本模式是引导学者及学生将注意力完全放在经典的阅读、背诵上，注重文字的注解、诠释或编辑。应该说，经典的阅读确实很重要。但是我

投篮

们更应该注意的是，在阅读时，我们的注意力，显然是不能仅仅停留在文字或概念式的认识之中。其实，作家在其创作文学作品的过程中也没有把文字或概念看作是其真正的目的，因为他的本意就是要借助于文字或概念这样的工具来描写或揭示出特定的自然状态、精神境界或生活状态，并且帮助我们借助语言文字进入这一境界或状态之中。如果我们不能领会作家的创作企图，而只是停留在语言文字或概念的解读或注疏之中，那么语言文字或概念的切割性也便会使我们完全误解了作家的创作意图。在此，我们应该深刻地意识到的是，语言文字或概念仅仅是一种工具或手段。这正如中国古代思想家王弼所说的那样，"言者所以明象，得象而忘言。象者所以存意，得意而忘象。"(《周易略例·明象》)他认为，言是得象的工具，象也只是得意的手段。因为言和象都是得意的工具，所以得到了意就应该抛弃言和象。如果拘泥于物象，就会妨碍对于物象的表达。基于这样的认识，所以要想能够真正把握住义理，就得忘象。于是，他这样说道："然则忘象乃得意者也，忘言乃得意者也。

得意在忘象,得象在忘言。"这就是说,要能够真正得到义理或境界或状态,我们就应该通过文字或概念直接进入义理或境界或状态,千万不能拘泥于文字或概念之中,毕竟文字或概念只是一种工具。相反,如果我们拘泥于语言文字或概念,那么我们也就永远不可能真正地进入境界或状态或义理之中。

为了明白这一层意思,我们可以阅读俄罗斯著名作家屠格涅夫的作品来做些说明。

屠格涅夫非常善于描写俄罗斯大草原的风光。他在《猎人笔记》中的《白净草原》一篇中有这样一段精彩描述:

这是七月里晴朗的一天,只有天气稳定的时候才能有这样的日子。从清早起天色就明朗;朝霞不像炎热的旱田那样火辣辣的,不像暴风雨前那样暗红色的,却显得明净清澈,灿烂可爱——从一片狭长的云底下宁静地浮出来,发出清爽的光辉,沉浸在淡紫色的云霞中。舒展着的白云上面的细边,发出像小蛇一般的闪光,这光彩好像炼过的银子。……但是忽然又迸出动摇不定的光线来，——于是愉快地、庄严地、飞也似地升起那雄伟的发光体来。到了正午时候，往往出现许多柔软的、白边的、金灰色的、圆而高的云块。这些云块好像岛屿，散布在无边地泛滥的河流中，周围环绕着纯清色的、极其清澈的支流，它们停留在原地，差不多一动也不动；在远处靠近天际的地方，这些云块互相移近，紧挨在一起，它们中间的青天已经看不见了；但是它们本身也像天空一样是蔚蓝色的，因为它们都浸透了光和热。天边的颜色是朦胧的、淡紫色的，整整一天都没有发生变化，而且四周都是一样的；没有一个地方酝酿着雷雨；只是有的地方挂着浅蓝色的带子，这便是正在洒着不易看出的细雨。

　　我们在阅读经过汉语翻译的这一片段时肯定没有感觉到任何的困难，所以很容易在我们的内心中形成一幅关于俄罗斯大草原的极其美丽的画卷。我们可能没有去过白净草原，但通过阅读屠格涅夫的这篇散文，我们却能身临其境，仿佛闻到了俄罗斯大草原散发出的浓郁的芬芳气息。之所以能使我们身临其境是因为我们没有让自己停留在语言文字或概念之上，而是通过阅读屠格涅夫的上述语言文字在自己的内心深处直接地与所描写的对象达成了一种交融。这种交融就是我们在欣赏文学作品时经常运用的说法"情景交融"。读者正是借助于语言文字的描写或叙述而直接进入了阅读的对象之中，与对象融成一片。心理学的知识以及长期的阅读经验告诉我们，在阅读的时候，一个优秀的读者，其注意力并不是完全投放在语言文字之上，他是在不经意间或无意识地阅读语言文字时直接地进入作品试图描述的对象之中，其结果也就与对象融成一体。通过阅读屠格涅夫的上述文字描述，我们能够直接走进俄罗斯大草原的风景画之中。如果仅仅停留在语言文字含义的分析和理解之上，那么我们所注意到的景象是割裂成碎片，不成片段的。如果你对俄语不是很精通，那么你阅读屠格涅夫对上述描写的俄文版就绝对不可能进入俄罗斯大草原美好景色之中，因为那时的你已经把自己全部注意力投放在了语言文字上了，尽管你通过词典对屠格涅夫这一描述中的每一格概念或语词的含义都有了很细致而精深的了解。然而概念或语词的含义毕竟与俄罗斯大草原的美丽景色是有本质上的差异的。

其实在学习和研究知识理论的时候也存在着同样的情形。我们在此可以学习和研究孔子思想为例说明这一点。孔子在中国应该是一个尽人皆知的圣人。对孔子思想略知一二的人都知道，孔子的思想以仁与礼为其核心。孔子云："克己复礼为仁"，又说："仁者爱人""夫人者，己欲立而立人，己欲达而达人。能近取譬，可谓仁之方也已。"《论语》中论及"仁"的语录不下100条。研究孔子思想的学者都热衷于罗列此书中关于"仁"的条目来分析和研究孔子的思想。这似乎是学界基本的研究模式。

这样的研究模式本无可厚非。因为学术研究，尤其是哲学思想研究，对思想家所使用的概念做"条分缕析"的工作是天经地义的事情。如果把哲学思想体系仅仅看作是概念的抽象分析的话，应该是有一定的道理的。这应该是学术研究训练的基础或前提。但我们不得不看到的却是，这不应该是学术研究工作的全部。因为学术研究的本质是对思想的认识，哲学是对智慧的追求，而智慧是精神的自觉，是自觉地追求无限和超越的境界。对语词或概念的条分缕析是达到这样境界的准备性工作，而不是思想或精神境界本身。这样看来，过语言文字关是从事哲学思想或学术研究的第一步，所以对知识理论原典的注疏、诠释或解读是知识理论研究不可或缺的训练。但这绝对不可能完成认识论认知外在对象的这一真正目的。过了语言文字关后，更重要的是还得过思想关。有的人能够并擅长文字注疏，却过不去这样的思想关。于是他们也就深深地陷进了经典阅读或注疏的海洋之中不能自拔。

如果采取这种立场来学习和研究知识理论体系，那么我们就不能仅仅停留在对相关的知识理论涉及的繁多的概念或语词的爬梳和分析之上，而应该进一步进入到所研究的对象之中。用法国哲学家柏格森的话说，你必须要能够"入戏"。此处所谓的"入戏"，用我们现在的说法就是，你必须能与研究对象进行直接的对话或交流，使自己的心灵直接地与对象相碰撞或融和。或者我们还是借用柏格森的话说，就是要努力与知识理论研究的对象进行一种理智的交融。正是借助于这种交融，我们才能使自己直接而深入地走进研究或欣赏的对象之中，以便与其独特的、无法以语言表达的对象相融合。这里所说的"无法表达的对象"就是思想，就是人格，就是生命，就是外在的自然本身等。语言或概念具有的抽象性、分割性、离散性等局限性不但使我们不可能直接地达到或进入上述的研究对象本身之内，而且必然对研究对象具有曲解和切割的作用。这就要求在研读相关知识理论的经典之时，我们既要细心地阅读经典，理解其中的每一字、每一句、每一段，理解整篇的经典文本，也必须要不断地掩卷思索玩味，想见研究对象的整体性及其与其他各种思想或事物之间繁多的密切联系。更为重要的是，要把自己的注意力投放到经典文本所讨论研究的问题及讨论的过程之中。如果把自己研究的兴趣完全投放在语言文字或抽象概念的解读著述和分析演绎之上，往往使我们仅仅停留在语言文字，而完全丢失了研究对象本身，使我们不可能与研究对象融为一体。这样的阅读模式只能使自己成为读书人，而不能成为真正意义上的研究性的学者。

我们并不像中世纪基督教的著名神父德尔图良那么极端，完全否认逻辑技巧的效用。他是这样说的："啊！早已逝去的亚里士多德呀！你为异端发现了辩证的技巧、破坏的技巧、可以论断一切却什么也不能完成的技巧！"逻辑技巧论断一切，但却什么也不能完成，这就是逻辑思想面临的困境。当然我们不会紧跟德尔图良，完全否认逻辑理论的重要意义及其作用。我们承认逻辑思维的重要作用，但同时我们也要指出的是，逻辑思维并不是哲学思想或知识论研究领域的全部，它也自有其不可摆脱的局限性。正因为有这样的局限性，所以它应该得到直觉思维的补充。在紧张的逻辑思维之后，直觉思维的能力就会逐渐地得到展现。它会产生一种勃发的、动态的顿悟境界，给人的思想灌注巨大的清新感、欢乐感和巨大的生命力，从而加速理性思维的运思，加大理性思维的流量和思维速度；直觉思维使人们能够在问题丛生的杂乱中找到摆脱思维困顿的突破口，从而明确前进的方向。一旦直觉思维的能力处在紧张的运思之时，它就会呈现出一种特别的境界。在此境界中，直觉思维能以一种直接、整体的方式顿悟和体认周围一切的奥秘。这时，由逻辑思维或语言自然而然设置的各种局部的形式及其界限也就逐渐地消退了，于是在我们的思维和内心深处也就突然形成了关于研究对象浑然融合的整体形象。可以说，就是在这样的心灵境界中，主体和客体之间的界限也逐渐地消失了，两者融为一体。这就是柏格森所说的"入戏"。所谓"入戏"，就是借助于阅读作品的文字后，我直接进入了作品中主人翁的生命深处，仿佛我自己就是主人公。同样，也正是借助于如此的途径，我们也可以直接进入外在的自然境界之中，打消了彼此之间的界线，与外在事物融为一体。我们在观看欣赏优秀的电影作品或聆听盛大的音乐会时，也同样依靠这样的思维模式自然而然地或无意识地走进相关艺术家创作的艺术剧情或精神境界之中。

比如古希腊的哲学家、科学家阿基米德长期思考过

## 第四章 | 直觉驱动知识创新

物理学方面的相关理论，有时生活中的某些事情会给他极大的启示。有一天，他在洗澡时因受水的浮力的启示而发明了浮力原理。我们在上文曾提到过瓦特也长期学习和研讨过相关的理论知识，但是他发明的蒸汽机却与他在家里烧水时看见加热的水蒸汽冲开了壶盖而得到了灵感相关。正是这一灵感驱动他运用相关的理论知识，并经过多次实验从而发明了蒸汽机。德国科学家伦琴在 1895 年的某一天半夜 12 点左右，在其实验室内将一本厚书放在相距自己两米远的一架荧光屏和一只放电管之间，突然他发现了一种射线透过了两米厚的空间，还透过了厚书。他高兴地对他妻子喊道："啊，亲爱的，快来看，我发现了一种新的射线，太神奇了。"他的妻子马上喊道："你再做一遍，让我也看看。"他与他的妻子当晚在实验室看到的就是 X 光射线。

上述科学家们的发明都与他们生活方面的启示或灵感密切相关。他们的启示或灵感均属于所谓的直觉思维。但是在此我们必须注意的却是，他们之所以得到这样的启示或灵感，与他们长期以来的科学实验探索密切相关。

没有这样的探索和相关的理论知识，他们不会得出上述科学发明。洗澡的人很多，绝大多数的人注意到了水有浮力，但却只有阿基米德提出了系统的浮力原理。同样的，我们每天在自己的家里烧开水，也频繁地看到烧开的水冲开了壶盖，但我们却从未将生活中的这一现象与蒸汽机联系起来，所以发明蒸汽机的只能是瓦特。因为瓦特长期以来思考和研究这方面的问题，总想着如何解决这一问题。正在思考如何解决这一问题的时候，热水冲开壶盖这一现象给了他极大的启示，使他在相关理论知识的指导下，通过反复的实验，最终发明了蒸汽机。如此等等。

综上所述，我们可以清楚地看到科学知识理论的创新与直觉思维有着紧密不可分的联系，绝对不能将它们对立起来。两者之间的联系诚如柏格森所说的那样，理性是直觉的基础，或者说直觉是对理性的提升。当知识创新的理性思维陷入僵局时，生活中的直觉思维会将思考者引入新的方向或途径，从而实现思维的突破，产生新的知识理论。

通过上面关于知识理论创新与直觉思维之间的这一关系阐述，我们能够清楚地知道，科学理论与技术的突破需要直觉思维与理性思维的配合。其他如文学、艺术、体育及日常生活也需要这两者之间的密切配合、相互协作，这样我们的生活才有可能变得更为丰富多彩，生活的质量也才能够得到不断的提升。其实，在人类文明发展与进步的历史上，知识创新的理性思维与直觉思维相互之间的紧密合作起了极大的推动作用。作者坚信，我们在积极倡导理性的知识理论创新的同时，也要大力提倡直觉思维，使这两者紧密协同配合，这样我们的文化复兴将指日可待。

知识创新

图书在版编目（CIP）数据

论知识创新/胡军著.—成都：四川人民出版社，2019.11
ISBN 978-7-220-11661-2

Ⅰ.①论… Ⅱ.①胡… Ⅲ.①知识创新–通俗读物 Ⅳ.① G302-49

中国版本图书馆 CIP 数据核字（2019）第 243265 号

LUNZHISHICHUANGXIN
## 论知识创新
胡军 著

| | |
|---|---|
| 责任编辑 | 李沁阳 冯 珺 |
| 特约编辑 | 张 芹 |
| 封面设计 | 朱 红 |
| 版式设计 | 乐阅文化 |
| 责任印制 | 聂 敏 |
| 出版发行 | 四川人民出版社 （成都市槐树街2号） |
| 网　　址 | http://www.scpph.com |
| E-mail | scrmcbs@sina.com |
| 新浪微博 | @四川人民出版社 |
| 微信公众号 | 四川人民出版社 |
| 发行部业务电话 | （028）86259624　86259453 |
| 防盗版举报电话 | （028）86259624 |
| 照　　排 | 北京乐阅文化有限责任公司 |
| 印　　刷 | 三河市中晟雅豪印务有限公司 |
| 成品尺寸 | 152mm×215mm　1/32 |
| 印　　张 | 5.25 |
| 字　　数 | 72千 |
| 版　　次 | 2019年11月第1版 |
| 印　　次 | 2019年11月第1次印刷 |
| 书　　号 | ISBN 978-7-220-11661-2 |
| 定　　价 | 58.00元 |

■版权所有·侵权必究

本书若出现印装质量问题，请与我社发行部联系调换
电话：（028）86259453